小さなまちづくりのための
空き家活用術

共立女子大学
家政学部建築・デザイン学科教授
髙橋大輔【監修】

株式会社建築資料研究社

はじめに

「居場所を作るということ」

このテーマは私が学生時代から行ってきた病院や小学校といった公共建築空間、その延長としての都市空間のあり方、それらの公共空間のホスピタリティをいかに構築していくべきかというところから始まっている。

本書のテーマである「空き家の利活用とひとつなぎ」が、はたして公共空間のホスピタリティとどう結びつくのだろうと思われる人がいるかもしれない。

住まいと病院と学校は人間が生まれてからこの世を去るまで切っても切れない関係で結びついていると私は考えている。一生のうちに何度も家を住み替えるという人は稀であり、大部分の人にとって一度購入した住まいは終の住処（ついのすみか）になる可能性が高く、そう考えれば病院と小学校は終のコミュニティの中に存在する公共建築となる。

例えば、地域の小さな医院が高齢者たちのお茶飲みの場になっていたり、中心市街地が閑散としているにも関わらず皮肉にも総合病院の待合空間が高齢者たちで賑わっているという事実をみれば、用はなくとも何となく人のいる場所を求めているのかもしれない。また小学校では少子化によって空き教室（余裕教室）が増加し、その空間をコミュニティカフェとして活用し、昼間は近隣の高齢者のコミュニケーションの場として使われている事例もかなり多い。そのような見方をした時、病院については外来の、小学校については地域社会へのホスピタリティという観点から計画していくことにより、長いスパンでの建物の活用と地域社会における高齢者や子どもたちのみならず様々な人々にとっての居場所づくりにもつながっていくはずである。現在の公立小学校は通学距離がおおむね4キロメートル以内、いわゆる徒歩で通える範囲内に設置することが適正とされており、この徒歩圏という概念は子どもから高齢者にとって非常に重要な要素である。

高度成長期の日本では、樹木を伐採し、山を切り開き、住宅地を次々と郊外に拡大することでニュータウンを形成していった。一戸建てへの強い憧れを持つ人たちは、その場所に住宅を購入し、車さえあれば子育ても買い物も友人とのお付き合いもなんとかなると思い購入したはずが、年をとり衰えていくにつれ、歩くことはなんとかなるにせよ車を運転することが出来ない。そんな時に徒歩圏が重要になってくるわけである。最近ではこのようなニュータウンで高齢者が交通の便のいい中心市街地への住み替えをしようにも出来なかったという例も多い。また、住み手の高齢者が亡くなった後、買い手がつかず空き家となるケースが多くなっている。徒歩圏内にあるこのような空き家を利活用する手法が出来れば、決してハイスペックの建築ではなくとも、居心地のいい場所さえあれば、高齢者のくつろぐ場所だったり、学校帰りの子どもたちが宿題する場所だったり、子育てママさんたちの集える場所として、小さな建築が、人がつながって、地域をつなげてくれるはずなのである。

東日本大震災以後、地域コミュニティの拠り所としてこのような事例が着実に増えていることは明らかである。

ここでとりあげた取り組みはその中のほんの一握りかもしれないが、空き家という建築を中心として、それに関わる人たちがつながることで様々な知恵を出し合い、その地域を新しい切り口で盛り上げていこうとしている事例を掲載したつもりである。

本書の構成として行政、まち、企業・団体といったカテゴリーで分類しているが、話の流れ上、行政中心の取組ではないが行政も関わってくる場合は第1章に、行政単位としてのまちではなくまちの有志が中心になって動いているような場合には第2章に、というような形にしていることを予めご理解いただきたい。

なお、本書は各筆者の〝まちづくり〟に対する思いを書き下ろしており、それぞれのその思いを感じていただきたいと考え、あえて文体を揃えずに編集した。

本書が少しでも皆さんのお役に立てればと思う。

共立女子大学教授・髙橋大輔

目次

第3章　企業・団体が主の取組事例解説

第1章

行政が主の取組事例解説

東京都大田区

空き家再生〝これまで〟と〝これから〟

──大田まちづくり公社

2040年、消滅可能性都市896市区町村の衝撃

2014年5月8日、元総務大臣の増田寛也氏が座長を務める日本創成会議が衝撃的な発表を行った。

2010年から40年の間に「20歳から39歳の女性人口」が五割以下に減少する市区町村の数が日本全国のほぼ半数の896に及ぶと推計し、これらを「消滅可能性都市」と呼び、消滅回避のため、各自治体の地域政策の中で「選択と集中」を提唱した。

その数に数えられた自治体は衝撃を受け大きく動揺したが、その数に数えられていない全国の自治体も他人事とは思えないその内容に少なからず衝撃を受けた。

日本創成会議の増田氏は岩手県知事三期と総務大臣を歴任した地方行財政の専門家であり、日本の人口動態も十分了解している人物であり、全国の自治体の首長以下、自治体職員も一目置く存在であったため、その推計発表された内容は決して見過ごすわけにはいかないものであった。

少子高齢化と人口減少

日本創成会議の増田氏の発表の基礎となるものは日本の「少子高齢化」と「人口減少」であり、これについては誰もが漠然と了解していたことである。しかし、それが社会総体にどのように影響が出てくるのか、今まであまり真剣に論議されてこなかった感がある。あったとしても、たとえば15歳から65歳までの生産年齢人口の減少に対して「外国人労働者の受け入れは是か非か」などの抽象的論議であったりした。これに対してＩＴ化やロボットでカバーできるという意見が出て、漠然とした不安と期待のままやり過ごしてきたのではなかろうか？あるいは個々の年金の減額について、若年層では自分ではどうすることもできない社会システムに対してあきらめにも似た気分のまま、当面の生活に追われ続けているのが実情ではなかろうか。

いずれにしても日本創成会議のように、具体的に自治体名を挙げて自治体そのものが消滅するといったインパクトのある警告は、「あの町とこの町が消えてなくなるの？」と多くの人々に対して将来の社会について想像力を喚起させた。

地方から大都市圏へ　人口の減少と空き家問題

戦後一貫して増加を続けてきた日本の総人口は、２０１０年（平成22年）に1億２８０６万人の最大ピークを迎え、その後は減少傾向が進行している。しかし、戦後の日本の総人口の増減の変遷が、日本全国の各地域の人口の増減と一致していたわけではない。戦後の経済活動に合わせて、山間部から都市部へ、また地方都市から大都市圏へと常に人口が流入し続けていた。

山間部を抱える地方都市は戦後一貫して過疎化の問題を抱えながらも、地方再生、地方活性化を最重点課題として人口減少を食い止める努力を続けている。

近年大きくクローズアップされ政策課題となってきている空き家の増加に伴う様々な問題は、地方都市においては、人口減少問題と密接な関係にある課題である。

人口減少数と相関関係にあり、空き家の増加と更に密接な関係にあるのは世帯数だが、世帯総数は２０１０年の５１８４万世帯から増加し、２０１９年の５３０７万世帯でピークを迎え、その後は減少に転じ、２０３５年には４９５６万世帯まで減少すると予測されている。２０１６年現在、人口減少なのに世帯は増加という現象である。しかし、これは一時的に一人所帯などの小規模世帯が増加していることが原因であり、今から3年後の２０１９年には人口減少を追いかけるように世帯減少が進行していくことになる。

地方に残った中高年層が高齢化し、全国的な少子高齢化の進展と共に、地方の人口減少はすでに始まっており、空き家も確実に増加している。

総務省が2014年10月に対前年比の人口推計を発表しているが、人口が増加したのは東京、沖縄、埼玉、神奈川、愛知、千葉、福岡の1都7県のみで、他の道府県はすべて人口減少している。他の調査機関によると、このうち首都圏と名古屋周辺だけは、今後2040年前後まで人口増加が続くとされている。首都圏を中心に三大都市圏では未だ、人口問題と空き家の増加問題が目に見える形でリンケージされた問題とはなっていない。

むしろ東京都だけを例に取ってこの人口増加のカラクリを見ると、実は極端な少子高齢化の実相が明らかとなり、2040年に東京は極端に高齢者であふれかえっている状況が見えてくる。

東京都の出生率は1970年代半ばから大幅減少となっている。1970年の出生数の減少から数えて15年後の1990年に、15歳から65歳までの生産年齢人口に参入する人数が急減し、以後縮小が続いている。

1981年からの5年間に生産年齢人口に参入した人口が110万人いたのに比して、2001年から5年間の参入数は50万人に減少している。

また同様に東京都で、65歳で生産年齢人口から離脱した高齢者数は、1980年から5年間に38万人だったが2000年からの5年間に81万人に増加している。

この状況は今後も続く現象であり、東京都の人口は生産現場への他府県からの流入は続くものの、今後の東京都の人口増加予測の要因は65歳以上の高齢者が大幅に増加し続けていくことだと考えられている。

平成28年3月に見直された「住生活基本計画（全国計画）」は以上のような少子高齢化の問題を充分に加味したうえで、空き家問題、コミュニティの問題など、今後取り組むべき課題を「居住者からの視点」「住宅ストックからの視点」「産業・地域からの視点」の3つの視点から分析し方向性を打ち出している。特にこの計画では、空き家問題につながる中古住宅が大きくクローズアップされている。

時を同じくして「空家対策の推進に関する特別措置法」も施行された。この「中古住宅」から「空き家」に至る問題は同根であるため、ここでは東京における空き家問題について東京大田区の取り組み事例を中心に取り上げていく。

東京の空き家問題に対応するにあたって、地方都市と全く同じアプローチで考えていては問題を見誤ることもあるということを前提に、この全国的な課題である空き家問題を考えていきたい。

大田区の概況

大田区は東京都の最南端に位置し、多摩川を挟んで神奈川県に隣接する面積60・66㎢、人口70万7千人の特定行政庁の特別区である。東京湾に面し京浜工業地帯の中で約4000軒の町工場を擁する工業区であるとともに、田園調布等の住宅地を併せ持ち、更に羽田空港を抱える交通の要衝でもある。

大田区は江戸時代以来、海苔の一大生産拠点であり、戦後の漁業権放棄まで、生産量、額共に日本一を誇り、地域経済にも大きな影響力をもっていた。

1923年の関東大震災以後の東京の工場分布が都心から周辺に移動した際に、内陸部に一部工場群が形成された。神奈川方の鶴見、横浜、川崎には京浜運河が造成され京浜工業地帯が形成されたが、大田区は海苔生産が大きな富を生んでいたため海域の工場利用には至らず、内陸工場が徐々に発展した。特に1930年代に入り軍需の拡大により航空機部品を中心に精密機械工業が急激に発展し、大森、蒲田から羽田に至る内陸に連担する大、中、小の工場群は一大兵器廠と呼ばれた。

この頃から多くの工場労働者群を受け入れる住宅が建設されたが、1945年の空襲で地域全体が全壊した。

戦後1962年、一大産業であった海苔漁業も海域の利用目的の転換のため漁業権を放棄し、海苔の天日乾しに利用されていた土地も工場やアパートに次々と利用転換されていった。工業が再興し、高度経済成長期に新たに地方の労働者群を受け入れる木造アパートが林立した。現在これらのアパート群の一部は建て替えられてきているが、一部は低所得者層の受け皿の賃貸物件として未だ機能している。

そうして、これら戦後の住宅群の中に木賃アパート仕様の空き家が、居住者がいなくなり、朽ち果てるのを待っているかのように取り残されていた。

空き家対策へ

平成26年5〜6月、大田区の工業地帯に近い住宅地の中で老朽化した木造2階建てのアパートに対して取り壊し撤去の行政代執行が行われた。

このアパートは築46年で平成18年以前から空き家になっていて、「倒壊しそうだ」「家の部材が飛んできた」など、何年にもわたって近隣から苦情が寄せられていた。持ち主は簡単に見つかり、区や消防で勧告を継続的に行ってきたが、改善されなかった。

大田区は平成25年4月の「空き家の適正管理に関する条例」の施行後、持ち主に対して条例にもとづく対応を進め、年内に指導書1回、勧告書3回を出したが、持ち主に改善の動きはなかった。

大田区は平成25年10月に条例の一部改正を行い、立入調査を行い、平成26年1月に判定委員会を開催し、命令、代執行が妥当という答申を得た。これに基づき2月に大田区は命令を発し、手続き後、同年5〜6月にかけて老朽アパートの取り壊し撤去の行政代執行に踏み切った。

東京都における行政代執行としては初めての措置であったので全国から注目を集めた。撤去費用は調査時に持ち主に請求した。全国の自治体が頭を悩ます費用回収については、このケースでは、その後持ち主が支払いに応じたため、大田区は費用回収に成功している。幸運なケースともいえるだろう。

空き家活用相談窓口の開設

大田区は平成26年12月1日より「空き家等地域貢献活用相談窓口」を開設し、地域資源として空き家を公益的な目的に活用する事業を開始した。この事業は、空き家を公益的に利用することに理解を示してくれた空き家のオーナーから空き家の登録をしてもらう一方、地域団体、ＮＰＯなど、公益的な事業で空き家を必要としている団体や個人にも登録をしてもらい、条件の合いそうな空き家と利用希望者をマッチングしていく事業である。

大田区には約6万1８００戸の空き家があり、これは大田区の住宅の総戸数41万６６００戸の14・８パーセントに当たる。

この空き家総数のうち「賃貸用」に4万５７５０戸、「売却用」に1万６００戸が住宅市場に流通物件として出ている。しかし、これ以外に５４００戸（8・67％）の空き家が「その他の住宅」として存在している。この「その他の空き家」はいろいろな事情があって市場には流通していない住宅だ。多くの場合、親が亡くなった後の相続物件であったり、何らかの理由で転居後に処分を保留しているような物件と思われる。

大田区は当面、「居住用」の市場流通物件は市場に任せて、この「その他の住宅」に相当する空き家を公益的な目的で活用するための事業を開始した。

空き家募集のPRの難しさ

ＰＲは大田区のホームページや、空き家活用専用のホームページの他、区内全域の自治会・町会長の会議で協力を呼びかけ、区内の公共施設にチラシを配置し、区設掲示版にポスターを貼るといった作業を行っている。

しかし、町の中の認識は徐々に出てきたとはいうものの、空き家提供の登録にはなかなか結びつかない状態が続いている。一方、空き家を利用したいという団体や個人の登録は徐々に増加している。登録空き家数が少なく、利用希望数が多いという状態は、同じような活用事業を行っている世田谷区からも同様の報告がなされている。

空き家の登録が少ない原因として、「その空き家が老朽化していて使用に耐えない」「権利調整ができないまま関係者の誰もが手出しできない状態に陥っている」など、問題を抱えて打開できない状態に陥っている空き家が少なからず存在していることが考えられる。

このような動きの取れない状態ではなく、充分に活用ができる空き家についての登録もなかなか進んでいない。これらのオーナーは「資産を賃貸市場に供託して賃料をとる必要がない」あるいは「売って売却益を得る必要がない」といった住宅流通市場に空き家を出す必要がなく空き家を留保しているオーナーだろうと思われる。

大田区はこのような充分に活用できる空き家のオーナーに空き家活用事業の趣旨を理解してもらい、協力をお願いするようPR活動に力を入れている。

PRが浸透しない理由の一つには、空き家の持ち主が区外に居住しているケースが考えられる。PRの範囲は通常、行政区域内に限定されているため、行政区域外の持ち主には事業そのものが伝わらないという難しさがある。個々の空き家の持ち主を特定し、個別に郵送や電話によるきめの細かいアプローチも必要となってくるが、これは今後の課題となっている。

マッチングの事例

平成26年12月に開設した大田区の地域貢献活用相談窓口には、問い合わせ数が一日平均20件ほどあり、活況ではあったが、利用希望者の登録が順調に数を伸ばしていったものの、窓口開設後の3か月間は事業につながる空き家物件の登録は無かった。この事業には補助金がないことや、法令適合している空き家しか対象としないなどのハードルがあることも原因として考えられている。

この点、同様の事業を行っている世田谷区の場合は、法令適合の条件は同じであるが、モデル事業として年間3件まで200万円の上限で補助金が出ている点で多少の違いがある。

それでも大田区でも徐々に登録があり、登記や建築確認の有無、登録オーナーの事情や希望を聞いた上で、既に殺到している利用希望者とのマッチング作業が開始されている。

このような公益目的の活用のマッチング事業は、一般の賃貸市場の住宅探しとは事情が大きく異なる。賃貸市場の場合、オーナーは身持ちの良さそうな入居者からきちんと家賃が入ればよい。一方、家や部屋を探している人は、家賃の額や環境について自分の条件に合った物件を借りたい。オーナーも入居希望者も目的が単純ではっきりしている。

ところが地域貢献活用のマッチングの方は、賃貸市場とは様子がだいぶ違う。

オーナーは別に貸さなくてもよい、家賃設定の範囲もさることながら、それ以上に自分の思いや考えにピッタリ合えば貸してもいい。オーナーの思いの中には「家には家族の思い出が詰まっているので、あまり他人には貸したくない」といった心情的な部分のものもある。「別にお金には困っていない」「面倒くさい」というものもある。このような意識のオーナーは比較的多い。これに対して「世のため、人のために是非貸してください」という対応の姿勢も大事なポイントとなっている。

実際、文京区で空き家活用を進めているNPOからは「大家は困っていない」という状況認識の報告もある。

利用者の方も、利用の内容や利用方法、条件は千差万別である。子育て中のママたちの集いの場、高齢者のお茶飲みサロン、学習やワークショップの場、NPOの事務所、保育室、グループホーム、ゲストハウスなど多種多様な使い道で登録してくる。

また、地域貢献事業での空き家活用ということになると、相当な家賃を払えないため格安な条件で借りたいという要望や条件で登録する団体や個人もいる。しかし、事と次第によれば、事業趣旨に賛同してくれて、格安な条件でもよいというオーナーも居ないわけではなく、また、オーナーの事情が変わって早期に返還してほしい場合はそれを条件に家賃を無料または格安にしてもよいというオーナーも居ないわけではない。

このように貸し手、借り手の双方の複雑な条件の中から条件の合いそうな貸し手、借り手を慎重に選び出し、比較的長い交渉が始まる。マッチング担当者はその交渉のプロセスに常時行司役を務め、条件が合意されるまで立ち会っていく。八、九割の条件がマッチしても後の一、二割で条件が合わなければマッチングは中止となり、振り出しに戻る。

保育ママ（家庭福祉員）としての空き家活用

平成27年度、マッチングに要した交渉や準備の時間は、1件当たり長いもので9か月、短くて2か月の時間を要し、4件の成功事例が生まれている。

「大田区空き家活用情報」のホームページでも紹介されているが、最初のマッチング事例は家庭福祉員（保育ママ）事業をやりたい空き家利用希望者と、近所に借家をもっていたオー

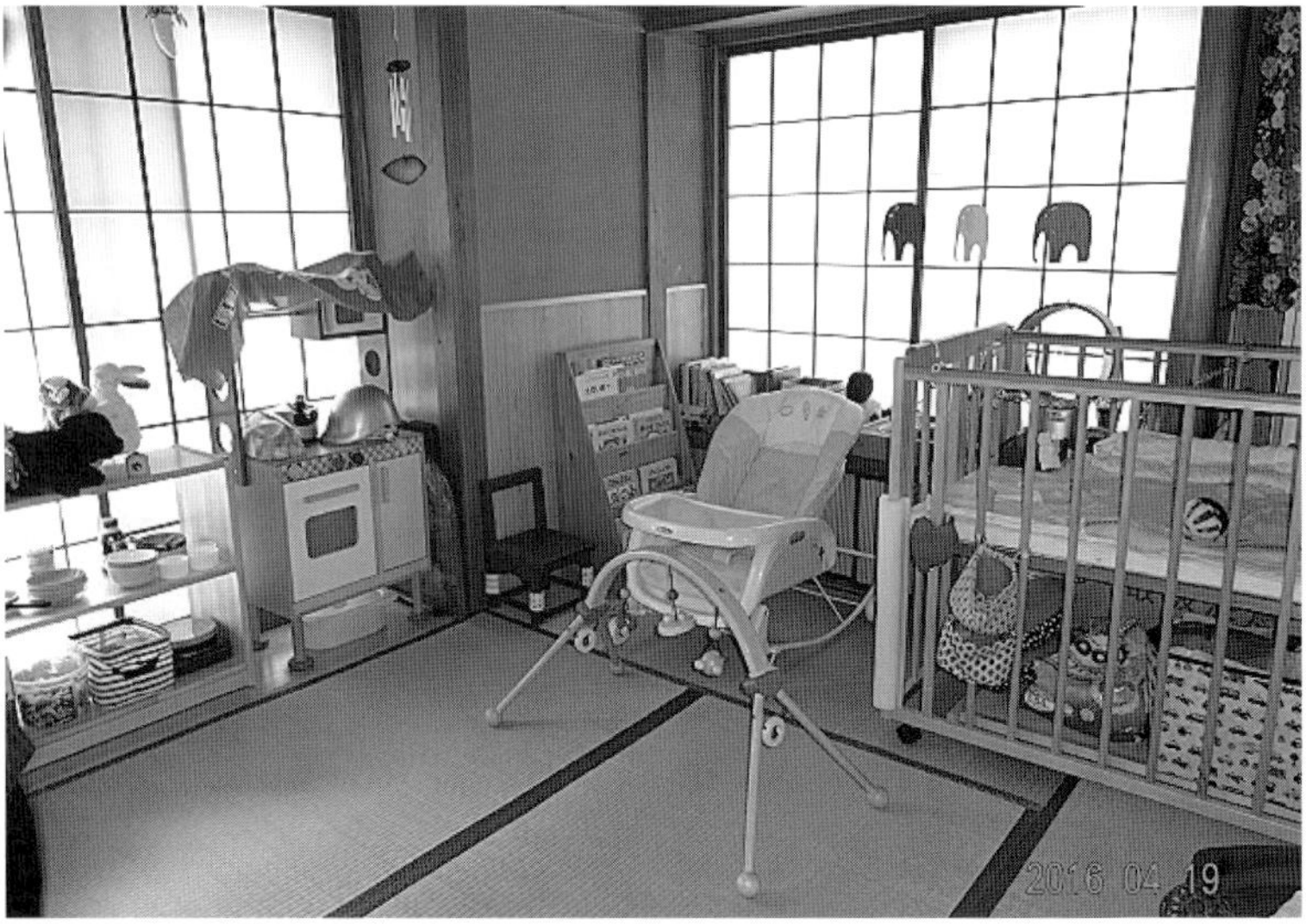

保育ママの仕様に蘇った空家

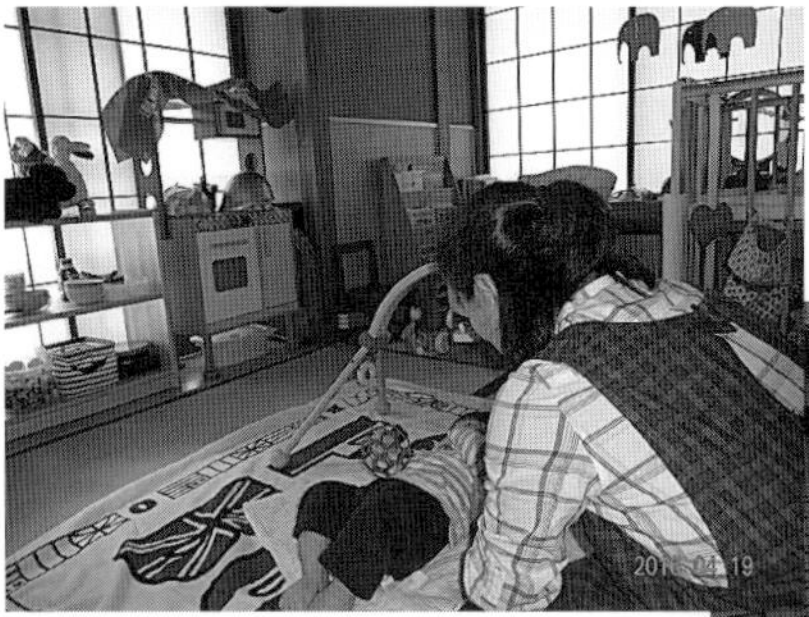

保育ママ・ただ今保育中

バルコニーで保育ママと赤ちゃん

ナーとのマッチングで、オーナーが数十年賃貸で貸していた借家を市場に出さず留保していた木造2階建ての一軒家である。

全国で保育園の待機児童が問題になっている中、保育園や認証保育所以外にも数種類の保育の制度があり、その中に家庭福祉員（保育ママ）の制度がある。生後43日から2歳未満までの乳幼児で、昼間の保育が困難な場合に、保育ママがその自宅やグループ保育室など家庭的環境の中で保護者にかわって保育する有料のシステムだ。

空き家利用希望者はこれまでもマンションの一室で保育ママとして子供を預かって保育してきたベテランだが、庭もあり水遊びもさせることのできるような一軒家に住み替えて、もっとのびのびとした環境で子供を預かって保育したいと考えていた。

双方の引き合わせ以後、この家をめぐり、間取りや壁や階段の位置、キッチンの設備などの大幅な内装工事を借り手は望んでいた。内装工事費用は借り手が負担するが、工事費は数百万円となるため、一般の市民感覚からいえば大きな買い物となり、普段やらない気苦労や戸惑いもあり、マッチング作業の中にはしっかりと伴走していくという作業もある。

利用者が初期費用を負担するからには長期に居住する必要があり、数年で出て行ってくれということにならないような調整と交渉が必要であり、契約に反映させていく必要がある。将来的に起こるかもしれない様々な状況を想定し、対応方法を話し合ったうえで双方が合意した。

改修費用については、本来オーナーが負担すべき部分と借り手側の独自改修部分の線引きを行い改修工事費の双方の負担割合を確認した。

保育ママを行う場合、当然自治体の保育関係機関の関与が必要であり、施設の安全性や環境・衛生条件のための審査が行われ、緊急時の二方向避難のための導線確保などが追加されクリアした。

マッチングはここで完了し、いくつかの細かな特記事項を盛り込んだ契約書が双方で交わされた。

住宅用途から別の用途に転用する場合には更に大きなハードルがある。この事例は、公益性のある保育ママという利用方法でありつつ、住宅を住宅のまま居住して使用するという事例で、「用途変更」に当たらないためマッチングとしては単純な事例といえるかもしれない。

子供たちの自由な遊び場「さいとうさんち」の事例

大田区は内陸部の小高い丘陵地と、丘陵地の終点から東京湾にまでつながる広い平坦地の二つの地形で構成されている。この丘陵地から平坦地を見渡せる丘の上の住宅地に敷地百坪、建坪三十坪の空き家があった。

オーナーの父親がこの家を建て、オーナーはこの家で育ちこの町で学校に通った。子供たちも巣立ちご両親も亡くなり、他の場所に住むオーナー自身も既に高齢者の域にあり、家屋

「さいとうさんち」・山の手の一軒家

敷を売却処分することで不動産業者に周旋を依頼していた。売却されれば、更地化され土地分割で新築の家が建てられるのが昨今の相場だが、不動産業者側で分割した場合の道路付けの調整がうまくいかないようで周旋が停滞していた。

その中で、区のPRを見たオーナーが、不動産業者の周旋の決着がつくまでとい う条件で空き家活用窓口に空き家の登録をした。

既に近所の公園で子供たちを一緒に遊ばせているママさんグループが、雨の日も子供たちが自由に遊べて、子供たちやその両親、地元の老人も一緒に交流できる場所を探していた。

両者のマッチング作業が始まったが、合意は簡単だった。オーナーは周旋が決

「さいとうさんち」
樹木剪定・庭掃除

「さいとうさんち」
のんびり過ごす午後

まるまで、無償で自由に使っていいとの条件であり、ママさんグループも即座にその条件を了解し、契約となった。大方の予想でも1年程度で周旋の結論は出るものと考えられていた。しかしどんなに短期間であっても、最大限利用しようとママさんグループはやる気十分だった。

平成27年11月から活用が始まった。ママさんグループはこの空き家を「さいとうさんち」と命名した。

空き家は何年も使われていなかったため、庭木は伸び放題で雑草が鬱蒼としていて、室内もそれなりに汚れていた。しかし、ママさんグループはこの空き家の手入れすら子供たちの活動として組み入れ、遊びながら枝木を切り、雑草を刈り部屋の掃除を行った。「大田区空き家活用情報」のホームページにも動画が紹介されているが、実に楽しそうに空き家は見る見るうちに息を吹き返していった。

その後、この空き家のふすまは子供たちが自由に絵を描いてもよいキャンバスとなり、庭は木登りや泥遊びの舞台となった。工作や音楽などいくつものイベントが企画され

「さいとうさんち」
親子は自転車で集合

「さいとうさんち」
高齢者も一緒に遊ぶ

子供たちはのびのびと遊んだ。

実際に子供たちの活動は平成27年11月から翌年の1月までの3か月という短い期間で終止符を打ったが、活動の最終日、オーナーも呼ばれてお別れ会が開かれた。「たった3か月だったけれど、子供たちにとって、この3か月は大人の3か月とは違い、その成長はめざましい。たくさんの思い出ありがとう。」とのグループの言葉にオーナーも「貸してよかった」との感想が寄せられた。

一つの家が建てられ、老いて終止符を打つ。その家に刻まれた家族の思いは、最後に別の利用者たちによって息を吹き返し、一瞬輝いて穏やかなフィナーレを迎えた。

このマッチングは今後の空き家活用について多くの可能性があることを示しているように思う。

概して多くの場合、不動産の扱いについては、財産上のトラブルを懸念してオーナーは慎重である。住宅を人に貸せば棲みついてオーナーの自由にならなくなるのではないか。それなら貸さずに空き家のまま自分の手元に置いてお

子どもたちの自由な遊び場
「さいとうさんち」

「さいとうさんち」
庭で遊ぶ

こうという意識も根強いのではないか。

今回の子供の遊び場グループは、決して住むわけではない。空き家を空き家のまま表面を利用するだけである。このような利用の形態はオーナーとしては「居住して生活が根付く」ものでもないので心配は相当軽減されるのではないか。

オーナーの意向でいつでも利用中止、退去が楽な相手を選び、それらの条件で貸すことはオーナーにとってもメリットがあることだろう。

無人の空き家はすぐに傷むものだが、このように活用されている場合、傷みの進行は経年劣化以上のものではない。近所に空き家があることに対する近隣の心配も軽減する。遠隔地にいてなかなか自分で管理できない空き家は、このような活用方法で保全することも一考であろう。

国際交流・英会話サロンの空き家活用

大田区は羽田空港を抱え、空港の沖合展開後は国際便も増加した。また、中小の工場が数多く、就労し生活する外国人も年々増加している。大田区は国際交流拠点都市と多文化共生都市を目指す「国際都市おおた」として様々な国際交流に関する事業を行っている。

地域の国際化は大田区にとって、その地理的特性からも重要な課題であり、空き家を活用して国際化を推進する事業を重要な社会活動として位置付けてマッチングを進めている。

借り手は蒲田駅周辺で国際化の拠点の一つを作りたいと考えていたボランティア国際交流団体で、区民活動団体として登録しているＮＰＯ団体だ。オーナーは「社会活動に生かしてほしい」と母親から相続した共同住宅を空き家登録した。オーナー自身が国際交流に理解があり、このＮＰＯ団体の活動趣旨に理解を示し、事務所兼活動拠点としての利用で合意が成立した。

大田区の国際化への取り組みは２０年ほど前から始まっている。アメリカ・セーラム市と姉妹都市提携、北京市朝陽区と友好都市提携をしている。この都市提携と共に、地域に居住する外国人も1万9千人いるため、地域コミュニティの中でいかに共生していくかが政策課題となっている。

一般的に戦前から在住する外国人をオールド・カマーズ、１９８０年代後半から来日した外国人をニュー・カマーズと呼ぶが、大田区のオールド・カマーズとニュー・カマーズの比率はおおむね1対３の割合であり、ニュー・カマーズはさらに増加すると見込んでいる。

国際交流英会話お勉強中

概してオールド・カマーズは既に二世、三世の世代となっていて、日本の文化、習慣も充分熟知しているが、ニュー・カマーズは日本での生活時間も短く、1990年代後半ぐらいまでは近隣とのトラブルも発生した。

多くはニュー・カマーズが日本語を充分に理解できない事と、生活習慣の相違から発したトラブルであった。大田区はボランティアの日本語教師を育成し、日本語教室を積極的に支援して区民と外国人のコミュニケーションの道具としての日本語普及を進めた。

また、様々な行政サービスの外国語表記によるパンフレットやチラシの作成、ごみ集積所に外国語表記の看板設置を行うなどの対応を行ってきた。

更に、国際交流ボランティア団体の登録やＮＰＯ・区民活動団体の登録制を行い定期的な情報連絡会や共同主催のイベントなどを積極的に行って、在住外国人を積極的に「ウエルカム！」と地域コミュニティの中に引きいれていく施策をとっている。この施策の底流には外国人を敬遠することで、日本語のできない外国人がやむなく閉鎖社会を形成しても、新たな問題を生むリスクを負うだけで、日本人、外国人の双方にとっても良い事ではないとの認識もある。

この空き家利用を希望するＮＰＯ団体は年間30回以上のイベントを通じて地域の活性化を目指している。参加者、学習者は「国際交流イベントで多文化共生の地域社会に貢献したい」「英語力をつけて困っている外国人には親切に道案内してあげたい」「オリンピック・パラリンピックでボランティアをしてみたい」など、地域社会の中で積極的に国際交流を進めようと意欲的な団体だ。

この団体は地域の他のＮＰＯ団体とも協働・連携を模索しているため、今後の地域活動の拠点としての空き家の活用拡大も期待されている。

今回のＮＰＯ団体の事務所兼活動拠点での英会話サロンの活動は、今後空き家がいかに国際交流や地域の国際化に有効活用できるかの一つのモデルケースとして位置付けられている。

障がい者支援団体（社会福祉法人）のグループホームとしての活用

障がい者の支援を推進しているこの社会福祉法人は、総合支援の一環として現在数か所のグループホームを運営している。そのうちの数棟の建物が耐震基準を満たしていないため、監督官庁から、耐震基準に合った建物に移転するよう指導を受けていた。しかし、障がい者のグループホームに対してなかなか世間の理解が得られず、物件探しの苦労をしている中で空き家活用希望の登録を行った。

ちょうど、今まで高齢者専用のアパートの契約を終了したオーナーが、今後の活用を検討していたためこの法人を紹介しマッチング交渉が始まった。オーナーは今まで高齢者専用のアパート経営をしていたため、住宅確保が困難な人たちへの理解もあったことで、オーナーとの基本合意はスムースに進んだ。

このケースで一番課題となったのは障がい者施設の開設に対して近隣にどう理解してもらえるかという点であった。そこで、相談窓口の職員も社会福祉法人の近隣説明に同行して協力した。社会福祉法人側は、同じ敷地内に世話人が居住して生活支援をすることや、今までのグループホームの実例で特に問題が生じたことはなかったこと、近隣に迷惑をかけることはないことなどを近隣に説明して理解を求めた。

空き家窓口の職員からは、公的なマッチング事業の一環として、空き家の地域貢献活用の事情を説明した。これらの手順を踏んで近隣の理解を得ることができた。

しかし、この事例はもうひとつ大きな課題が残っていた。

実はこの物件には各個室に浴室がなく、今まで居住していた高齢者たちは銭湯を利用していた。そこで居室の一室をつぶして共同風呂を設置する必要があった。工事経費を社会福祉法人で負担することで話は進んだが、建築審査部門の指示で共同住宅から寄宿舎への用途変更の確認が必要となった。この審査手続きと工事に数か月の時間を要したが、最終的に契約も完了した。

住宅の確保に特に配慮を要するケースの場合は、地域コミュニティの理解が不可欠である。今回の事前の近隣説明を皮切りに、この団体は同じ地域で生活するグループとして、今後も自治会・町会へのお願いや協力依頼を通じて啓発を進めていくことにしている。

また、地域の祭りやイベントにも積極的に参加して、地域コミュニティとの相互理解を深めていきたいと考えている。こういった地道なアプローチが、今後いつ来るかわからない災害時のコミュニティの共助活動の中でも、支援協力や必要な配慮が得られやすいと考えている。

国際交流ゲストハウス（ホステル）としての活用

平成28年7月に成立したこの事例は約1年近く時間を要した。

空き家の利用希望者は茶道家で、ゲストハウスを運営しながら茶道を外国人に教えたいという希望があり、空き家を活用して茶室のあるゲストハウス開設のために利用者登録を行った。

提供された空き家は、鉄骨造3階建てで、1階は店舗であり既に飲食店が借りて営業をしていた。空き家として貸し出されたのは、2階3階を室内階段で行き来する構造の一住戸で、以前オーナーが住宅として使っていたものである。

このゲストハウスへ変更する経費は利用者負担という前提でマッチングが始まった。

当初、利用者から依頼された設計者は、この建物を新しい用途（ゲストハウス）に適合させるため、シェアハウスと同等の寄宿舎として計画できないものかと、行政の審査部門と事前協議の準備を進めていた。しかし協議途中から用途を簡易宿所とするように求められて設計変更をした。

火災時に窓から逃げるため、窓の下の地面には一定の面積の空地が必要だが、これが確保できない場合は窓の位置を変えたり、間取りを変更する必要がある。ゲストハウスとして必要な面積の確保や、複数トイレの設置などの設計上の工夫に相当の時間を要した。

一般的にゲストハウスを開設するためには、建築の審査部門、保健所の審査、消防署の審査をパスしなければならない。それぞれの審査条件に合った建物計画とするために相当の時間を要する。

また、この建物には建築確認済証がなかったため、特例により、法令に適合した建物であるかどうか、費用をかけて行う調査（審査用インスペクション）の必要があったため、この作業にも時間を要した。

さらにこの事例では、２００㎡以下の土地に住宅がある場合、固定資産税が6分の1に軽減されるという特例が外され、土地に対する固定資産税が今までの固定資産税より最大4．2倍課税される可能性がある。これは空き家提供者のオーナーに請求されるものであるため、一年後以降の家賃をどう設定するかも事前に協議しておく必要があった。

これらの税額計算を精査し、家賃を設定することにもそれなりの時間を要した。

また、初期費用回収に必要な賃貸年数の明記、解約時の工事範囲などを決め、幾つかのハードルを乗り越えた後、工事は急ピッチで進んだ。

この事例から、既存建物の用途を変える場合には相当の事前調整のための時間と努力が必要だという貴重な教訓を得て、法令に適合した、外国人に日本文化を伝えるゲストハウスが生まれた。

空家等対策の推進に関する特別措置法（空家法）

平成27年2月26日「空家等対策の推進に関する特別措置法」（空家法）が一部を残して施行され、5月26日に完全施行された。

法律は、防災、衛生、景観等の地域住民の生活環境に深刻な悪影響を与えている空き家について「特定空家等」と指定するための基準についてガイドラインを示し、市町村は対策計画を策定したうえで必要な措置を適切に行うものとしている。

市町村は、空き家の持ち主に空き家の適切な管理を行わせるよう助言、指導を行い、さらに改善されない場合は勧告、（除却・解体）命令、行政代執行へと市町村が関与していくことを明記している。

この法律に関してはいくつかの特例がある。

一つは「特定空家等」と認定された空き家の敷地の固定資産税の課税情報を、この空き家対策に利用してもよいこととした点である。今まで行政といえども、この情報は税徴収の目的だけにしか利用できなかった情報であり、これが利用できることになると空き家の持ち主を特定することが容易となる。指導や助言すべき相手が特定できなければなかなか話は始まらない。

この課税情報の利用については全国の自治体から大きく歓迎された点だ。

一般的に土地家屋の所有者の特定は登記簿情報や戸籍、住民票等から行うが、所有権の移転末登記などで持ち主の特定ができなくなることがある。しかし、固定資産の課税情報は税務職員たちが職権で届出情報を基礎に丹念に足で稼いだ情報であり、登記簿ではわからない納税義務者を特定しているケースが多く、その納税義務者こそが持ち主ということになる。

持ち主が見つかればその持ち主を対象に法的な措置を進めやすい。

なお、この法律は、実はどんなに調べても持ち主が判らない場合、判明しない持ち主の負担として（除却・解体）命令、行政代執行という措置を公告してできることになっている。

いずれにしても「特定空家等」と判定された場合は、公益に反し、存在し続けてはならない建物ということになり、公権力の強制行使の対象となるということである。

ただし、現実的な問題として費用の回収はほとんど見込みがなく、全国の自治体としては頭の痛い課題として存在している。この代執行と未回収については、秋田県大仙市が数件の代執行を行い、結果的に公費投入ということになっている。代執行が公益性に勝るとの判断であろうが苦渋の選択といえる。

また、この法律に合わせた平成27年度の税制改正で注目される点がある。

それは、「特定空家等」と判定されると、特定空き家の敷地に対する減税がなくなるという点だ。

一般的に住宅がある土地は土地の固定資産税が最大で6分の1まで優遇される特例がある。建物を除却するとこの優遇がなくなるため、どんなに古い空き家でも取り壊さずにこの固定資産税減税の優遇を利用して空き家を放置していた持ち主も居ない訳ではなかった。

今回の税制改正ではこの点を組み込み、「特定空家等」として自治体から改善勧告されると、その土地に対する固定資産税の優遇がなくなり、敷地の固定資産税が最大で4・2倍に増額される。（都市計画税を合算すると最大で３・６倍となる。）

この措置により、今まで近隣に悪影響を与えていた空き家のうち、優遇がなくなることでメリットがなくなる空き家については、除却・解体をした後の空地の活用も含めて真剣に検討が進むだろうと期待されている。

ただし、「解体費用が捻出できない」「接道条件が悪く一度解体すると二度と家は建たない」「解決の糸口がつかめないまま放置を続けていた」など、やむを得ない事情で放置されているような老朽家屋についてはこれだけで問題が解決するわけではない。

空家法のおおまかな特徴は以上のように、近隣に悪影響を与える空き家に対して最終的には除却・解体に至る市町村の関与のプロセスを明確化したものである。だが、もう一つ重要な点は、持ち主に空き家を適切に管理させることを促すとともに、空き家やその跡地に対して市町村がその活用のために必要な対策に努めるものとした点である。

増え続ける空き家に対して、いよいよ国が法整備で全国の自

住宅敷地にかかる固定資産税の特例（優遇）

住宅の敷地	固定資産税	都市計画税
200㎡までの部分	６分の１に軽減	３分の１に軽減
200㎡を超える部	３分の１に軽減	３分の２に軽減

ただし、200㎡を超える部分は床面積の10倍を上限とする。

治体を促しバックアップすべき状況に至っているということであろう。このことは「住生活基本計画」の中でも「空き家活用」の項目として色濃く反映されている。

大田区空家等対策審議会の設置と「空家等対策計画」の策定

平成27年の「空家法」の施行後、多くの市町村がこの法律に規定されている「空家等対策計画」の策定を開始した。

大田区においても平成27年12月に「空家等対策審議会」を立ち上げて「空家等対策計画」の作成を開始した。この審議会は、対策計画の作成以外にその変更、「特定空家等」か否かの判定に関することなどの役割を担っている。

「空家等対策計画」の作成についてはパブリックコメントを経て平成28年6月に答申案を決定した。議事要旨等は区のホームページでも公開されているが、おおむね「空家法」に沿った形で大田区における対策の内容や方法が定められている。

大田区は今後の空家対策として、空家等の調査やデータベースの整備などを行っていくこととしている。

空き家総合窓口の開設

また、今後は空き家総合相談窓口を開設して相談体制を充実させていくことになっていて、建築、法律、不動産、福祉などの関係団体・機関と協力連携して対応することとしている。今後、大田区の空き家対策は、「空き家の適正管理に関する条例」と「空き家等地域貢献活用事業」とそれぞれ個別に進めてきた事業が総合的政策に一本化し衣替えすることになる。特に除却・解体につながる特定空き家の手続き以外の部分は「住生活基本計画」に示された課題と共にこれから大きな課題となってくると思われる。

全国市長会の発行する「市政」のレポートによると、「空家法」制定の効果を自治体側にアンケートをとった結果、「空家法の制定により、不適正管理のままに空き家を放置することが問題だという認識が市民にそれなりに浸透した」との回答が一番多かった。ちなみに二番目の評価は固定資産税情報の利用だった。(「市政」28年6月号)

このことからも「空き家の放置は問題である」という啓発は空き家対策上、重要なファクターだ。この認識を空き家の持ち主にも、地域コミュニティにも充分に周知することで、「社会問題としての空き家」は大きくクローズアップされてくる。今にも倒れそう、樹木が伸び放題、瓦や部材が落ちてくるなどの特定空き家は、だれでも迷惑とわかるが、外観には問題がなくても、長期に放置された空き家も地域コミュニティの中では迷惑なものなのである。

一番大きな危惧は「不法侵入」と「放火」だ。地域コミュニティは延焼を恐れ、犯罪に巻き込まれるのを恐れているのだ。犯罪予防という重大な責任を空き家の持ち主は認識しておかなければならない。

まずは全国的にこの問題を地道に意識啓発をするべきであろう。持ち主が地元に住んでいなければ、空き家を取り巻く周辺コミュニティの迷惑もなかなか理解できず、空き家は年に1、2回見に行けばいいだろうぐらいの軽い気持ちで今までは済んでいたのかもしれない。

司法書士会が2015年8月に東京、埼玉、神奈川で実施した「空き家相談110番」という電話相談では、空き家の持ち主自身からの「処分したい」「処分のため、いろいろやったがどうしようもなく困っている」という相談が半分以上だったとのレポートもある。

「社会問題としての空き家」の認識が広まれば、空き家を放置していた持ち主も何らかのアクションを起こさざるを得なくなるだろう。その上で、自分なりに対策ができない場合、市町村に常設の「空き家対策窓口」があれば問題解決の糸口となり、その存在の意味は大きい。持ち主自身からの相談さえあれば、多方面の力で方法を考える大きなきっかけになる。

民泊論議

空き家対策を進めている中で、大田区は平成28年1月に「国家戦略特区の民泊」を条例化した。この条例は東京都大田区に続き同年4月に大阪府でも条例化された。

ここ数年、外国からの観光客の訪日が予想以上に急増し、全国の観光地での受け入れ態勢整備は急を要するところも生まれた。特に宿泊施設について、観光地によっては逼迫した状況が生まれた。

民泊の実態には2つの潮流があるといえるだろう。

一つは、自宅に外国人を招き入れ家庭的雰囲気の中でホームステイをさせ、国際交流を続けてきた人たちがいた。宿泊や食事に必要な実費を宿泊者から受け取るということもあったと思われる。これがビジネスの領域だったのかは判別しがたいところだが、外国人客を直接世話をするという方法で、今まであまり問題になったことはなかったのではないか。

もう一つの潮流は外国人観光客の急増の中でビジネスとして民泊を始めた人たちがいる。

この潮流は、直接国際交流をしようというような理屈はなく、低予算で宿泊場所を提供し利益を得る方法をビジネスモデルとしているのであろう。場所は自宅ではなく賃貸の部屋でよい訳で、直接客との接触がなければ、何軒かの物件をインターネットや電話でコントロールすればよい。これが現在地域の中で問題になっている。

京都・大阪を中心とした関西圏や東京の共同住宅（アパートやマンション）の賃貸物件で、周辺の居住者も知らない間に民泊として使われ、外国人観光客が宿泊しはじめて近隣が迷惑するというトラブルが頻発した。夜中まで大声で騒ぐ、ごみを建物周辺に放置していく、女性が追いかけられたなどの苦情が各自治体に寄せられた。

このようなケースの民泊は、民泊事業者がインターネットの民泊サイトで部屋情報を掲載し、宿泊者は気に入った物件があればインターネット上で予約し、事前に宿泊料金の払い込みを済ませて当日現地にやってくる。

多くの場合、民泊は無人でホテルのような受付サービスなどはなく、宿泊者と民泊業者との接触はない。

多少の差異はあるが、その宿泊システムはこんな風である。宿泊者は自分で室外の番号式キーボックスから部屋の鍵を取り出して入室する。予約した日数の宿泊が終わったら、同様の鍵返却で退室する。退出後に室内クリーニング業者が入室し清掃を行い、民泊業者に完了報告する。

現在のところ、民泊については明確な法規制がない。

大田区は羽田空港を抱え、今後オリンピックを目前にして積極的に外国人観光客を受け入れて国際都市としての展望を打ち出している。その展望を実現するため国家戦略特区の指定を受けているが、区内の宿泊施設がひっ迫している状況下で、地域社会に迷惑がかからず、多くの区民が積極的に外国人観光客を受け入れることができるよう、問題を未然に防ぐために国家戦略特区としての民泊をルール化して導入するために条例を制定した。

民泊については、現在国土交通省と厚生労働省の間で審議の途上ということもあり、宿泊日数が国の基準で6泊7日と定められているため、ビジネスモデルとしては使いにくい内容になっているが、社会問題になっているような民泊は条例で規制できるようになった。

このことで、国際交流をベースにした自宅でのホームステイ型の民泊も規制されることとなった。（なお平成28年9月9日、内閣府は6泊7日の利用日数を2泊3日に引き下げる決定を行った。）

民泊について国の範疇で最終的な規制やルールが未だ明確に定まっていないため、国は「民泊新法」を法制化する方向で動いている。民泊は壮大な社会実験といえるのかもしれない。いずれにしても東京オリンピックの宿泊需要を賄うためには必要な機能なのだろう。

空き家を民泊として活用するにはまだまだいくつかのハードルがあると思われる。

先に紹介した事例「ゲストハウス（ホステル）としての空き家活用」の事例でも、空き家活用の利用者は国家戦略特区の民泊での活用も検討したものの宿泊日数で苦慮した。特区民泊は断念したが、断固として無届けの脱法民泊だけは拒否し、最終的には適法の簡易宿泊所への用途変更でゲストハウスの開設にたどり着くこととなった。

地方都市の移住誘致

「空家法」が施行されたこともあり、今後は全国で空き家対策が総合的施策として展開されることになるだろう。ただし、各市町村によって「空家等対策計画」はそれぞれの地域の空き家を取り巻く状況によって違ってくるだろう。

「空家法」は空き家の整理に必要な権限や特例を市町村に付与している点で画期的だが、目的はあくまで空き家の整理であり、その行政処分の手順が明確に示されている。行政処分のクライマックスは「（除却・解体）命令」「行政執行」であり、これは行政にしかできない強制力のある権限であり、民間の立ち入る余地はない。

しかし実際の空き家の整理の手法はというと、行政の強制力だけを振り回しても何の解決にもならないし、むしろ対象としている「特定空家等」を判定する以前に、どのように未然防止するかが必要なことであり、活用の可能性のある空き家を地域社会の中でどう扱うかという問題の方が重要なこととなっている。

このことを各市町村は地域特性に合わせて独自の手法で対処する必要がある。

前述したように空き家対策を人口減少問題とリンクして位置づけている地方都市は、人口増加施策に空き家を活用するような基本計画を考えていると思われる。

空き家率が22％（２０１３年）で、全国で一番高いと言われている山梨県は、大都市圏からの移住を促進するため「豊かな自然の中での心地よい暮らしを求めて」というキャッチフレーズで「空き家」を「田舎暮らし」に活用するために移住・住み替えの誘致PRを行っている。

山梨県の場合、県下18市町村が空き家バンクを開設し誘致を行っているが、全国の地方都市のインターネットを使った空き家バンクも山梨県と同様に移住誘致が主な目的となっている。

これらの住み替え誘致のうち、特にまだ元気な高齢者の住み替えを焦点化したものに「日本版ＣＣＲＣ構想」がある。生活費の安い地方都市で、主にサービス付き高齢者向け住宅や通常住宅に健康時から移住し、多世代と共働で地域社会に積極的に参加し、健康長寿を目指し、医療介護が必要になった時には地元での介護サービスを受けていくという構想である。豊島区は埼玉県秩父市への高齢者の移住の協議を開始している。今後、全国でもさらに検討が深まっていくと思われる。

国は現在全国の空き家バンクをリンケージする方向で、地方都市はこれからも空き家バンクを使った移住誘致が盛んに行われていくことだろう。地方都市同士の移住者の奪い合いの側面もあるのだろうが、地方都市の魅力を充分にPRして空き家解消と地方の活性化につながればよい。

除却か活用か、市街地の選択

基本的に空き家の最終ゴールは「除却」と「活用」の二つしかない。仮に運用上「保留」したとしても、いずれは「除却」か「活用」のいずれかを選択せざるを得ない。

空き家の持ち主からではなく、近隣のコミュニティからの通報も行政にとって大きな参考になる。まずはこれを契機に追跡調査をかけデータベース化していくことになる。

「除却」か「活用」か。「除却」を選択したとしても、現実的には行政が強制力を行使できる場面はごく一部分でしかない。行政は、空き家の持ち主に対する説得はもちろんの事だが、空き家周辺の地域コミュニティの同意や協力を得る必要があり、除却・解体後の跡地利用についても、可能な限り地域の意向を反映させることが望ましい。これができれば適切な解決も充分に期待できるだろう。更に、事業協力者がいる場合はまちづくりの手法で進め、民間の活力を取り入れて、官民協働で進めることができればそれに越したことはない。

文京区では、除却後の跡地を10年間同区が無償で借りるという条件で、空き家の除却費用を上限２００万円補助している。区の公益利用が可能でない跡地の場合は対象外となるが、現在、防災設備の設置場所や、憩いの広場として活用し、既に４件の実績がある。

税金を使って私人の空き家を行政代執行し、除却費用が回収不能になる場合、モラルハザードの問題が常に付きまとう。その点で、「特定空家等」をすべて網羅できるわけではないにしても、文京区のケースは、持ち主が行う除却であり、その補助金に対しても跡地の10年間の区利用を条件としているという、良くできた制度である。ちなみに、全国の自治体の除却・解体への補助は、文京区のような跡地利用条件がなく、大概5~60万円が上限である。このモデルは、東京の各区でも地域特性に合わせて除却後の空き地の活用をアレンジできる。たとえば、市民農園、児童遊園やポケットパーク、有料駐輪場、防災・リサイクルの設備設置などが考えられる。

老朽家屋と比較的新しい家屋が混在して連担するようなエリアの場合、共同化ビルへの誘導はなかなか困難なものがある。もしも、一定のエリア内に数件の除却跡地を期限付きとはいえ行政がストックできるなら、持ち主や地域住民に呼びかけて、地区計画で空地を整備計画に位置付けるとか、道路の付け替えの種地にするなども考えられよう。このエリアで計画を立てる場合、空地のままストックしながら、取り敢えず10年間の計画猶予があるということである。

東京の中でも、密集した市街地では、どんなに狭い土地であってもこのような空地《くうち》は計画立案の種地としても、とても貴重なものとなる。

東京の空き家活用

「住生活基本計画」では、建替えやリフォームによる安全で質の高い住宅ストックへの更新という目標を掲げている。これに伴いリフォーム市場規模を現在の7兆円から12兆円に拡大するとしている。「空家法」における空き家の活用とは、他用途への転用を除くと即ち「住生活基本計画」の「中古住宅のリフォーム」という大きなテーマと結論は一致する。

「住生活基本計画」では従来の日本の住宅に対する一般的概念を「住宅すごろく」と呼んでいる。これは、若年時の一間賃貸から始まり、結婚や子育てで賃貸面積を広げ、定年時完済ローンの住宅購入をゴールとする住生活スタイルのことだ。しかし、すでに終身雇用制の崩壊と非常勤社員の拡大は、戦後高度成長の予定調和型の生活スタイルが展望しづらい時代になっている。新築住宅の取得のための高額なローンを組むことができない相当数の若年層が生まれている。

時代は、住宅取得か賃貸かの選択の時代であり、かつ、住宅取得についても新築か中古かの選択の時代である。新築より安価な中古住宅のリフォーム・リノベーションが注目され、「住生活基本計画」もこれを今後の目標として提唱している。

しかし中古販売の市場はまだ小さく、住販業界も新築販売の利益率に比べ、利益率の薄い中古販売は後回しだった。「築○○年」というだけで、建物全体と各部分や設備の耐久性、安全性などはっきりせず安心できない、ローンが組みにくいなどの理由で消費者にも人気がなかった。不動産流通業界も消費者の新築選択の動向に適応するしかなかった。

今後、中古物件に対して、安全性・耐久性への不安はプロが建物診断をしてサポートし、その結果を基礎にローンが組めて、改修工事から消費者の希望をデザイン・設計に組み込んだような目に見えるシステムができれば、話は違ってくるだろう。これに近いシステムで北海道R住宅が注目されている。

従来の「住宅すごろく」をあきらめた消費者の選択の時代はすでに始まっている。これからは新築に比較して安価な中古住宅を求める消費者が拡大するだろう。

インスペクション（建物診断）、保険、性能や履歴の情報提供、要望改修などの制度確立を市場が求め始めている。診断のできる設計者、固定観念を払拭できるデザイナー、臨機応変でスキルのある職人が大量に必要になってくる。

また今後は、東京にある実家を出て、やはり東京近郊に住んでいる子どもが、空き家になった実家を相続するケースも増える。常陽銀行とＪＴＩでシステム化した賃料返済型リバースモゲージのシステムも今後注目されていくだろう。

空き家対策を開始した各自治体も、除却と活用をしっかりと選別する対応能力が必要となる。活用については住宅用途のままの活用にも相当な知識が必要だが、用途変更の場合も充分な知識が必要であり、空き家対策には時代に合わせて充分に協力し合える官民連携システムを至急確立していく必要に迫られている。

高齢化の東京

東京は今も人口増加中である。地方都市と違い人口減少とリンクしないため、地方都市が消滅都市の危機を乗り越えようと空き家活用に積極的なのに対し、東京の区市町村は空き家を「人口減少＝消滅都市」という危機感でとらえることはない。

唯一、日本創成会議で消滅の危機を指摘された豊島区も半信半疑の様子で、反発もしている。しかし、豊島区はこれを契機に住生活施策やコミュニティ施策の充実を進めている。コミュニティの力を発動させる意味でも、良い刺激剤になったのだと思う。

東京には当面人口減少の傾向がないとしても、人口構成が大きな課題であり、東京が超高齢化社会を迎えるのは目に見えていて、住生活基本計画でも「高齢者が自立して暮らすことのできる住生活の実現」は大きな目標の一つである。

現在大田区では、世帯総数約33万世帯のうち、65歳以上の夫婦のみの世帯及び単身世帯の双方で約７万世帯が存在するが、このうち約４万２千世帯が持ち家に住み、約３万世帯が賃貸居住である。（平成25住宅・土地統計調査／総務省統計局）

大田区の高齢者の持ち家と空き家の関係について言えば、将来徐々に上記の４万２千軒の持家が、死亡や施設入所などで空き家となり、活用または除却の対象になってくる。持ち主が生前に施設入所などの転出で空き家になる時に除却・売却・相続（生前贈与）などで空き家をきちんと整理すれば問題はないが、そのまま放置するとその日から「空き家問題」が発生する可能性がある。相続人（生前被贈与者）が放置すれば、また問題が拡大する。除却して土地を転用するとか、相続人などが居住するなり、市場物件で売却または賃貸として転用されれば問題はないが、居住者不在の空き家が滞留すれば大量の空き家が発生することになる。総世帯数33万世帯のうちの４万２千世帯分の持家なので、大きな課題となりうるため、早期対応で滞留させない方策が求められている。

住宅確保要配慮者

東京の高齢者の中に、老朽化した木造賃貸アパートで居住しているケースは決して少なくはない。これは戦後高度成長期以来のアパート建設の歴史的背景を背負っており、古いから家賃が安い、家賃が安くないと低所得層は暮らしていけないという、リアルな需給バランスが成立している。

「住生活基本計画」の目標のうち「住宅の確保に特に配慮を要する者の居住の安定の確保」がある。住宅を市場において自力で確保することが難しい低額所得者、高齢者、障がい者、ひとり親・多子世帯等の子育て世帯、生活保護受給者などに安心して暮らせる住宅を確保できる環境を実現するという目標である。

しかし、特に75歳以上の後期高齢者の場合は、医療と介護を抜きにして住生活は語れなくなってくる。身体機能の低下や認知症が進むと自立した住生活とは言えない状況が生まれてくる。生活保護受給の高齢者や、保護ギリギリの低所得高齢者の住宅確保は、入所施設の確保と相関して非常に厳しい課題となっている。東京の場合はこれらのケースが他都市と比べて桁違いの数になることが予想されている。

これは、地方が消滅都市の危機にさらされていることが最大課題であるのと等しく、東京における最大課題の一つといえるだろう。「住生活基本計画」では、公営住宅、UR等の公的賃貸住宅を適切に供給するとし、地域実情に合わせ、PPP／PFIも含め、民間事業者の様々なノウハウや技術を活用するとしている。国も地方も財政事情が厳しい中、高齢化していく数多くの低所得者層をどのようにカバーしていくかが社会全体の問題となっている。これは官民のあらゆる分野の力を結集して当たらなければ解決できない問題だろう。

今後の人口動態を考慮しながら、公的賃貸住宅の建替えを含め、定期借地の時限等も参考にしつつ、特区や用途地域の見直しなど土地利用計画も含めて、あらゆる手法を検討することも必要なのかもしれない。この中でも空き家が実効的に活用できるかが大きな検討課題として浮上してきている。

東京のコミュニティ

「住生活基本計画」では「住宅地における人口減少、少子高齢化、空き家の増加により、地域のコミュニティが希薄化すると、高齢者や子どもを地域全体で見守る機能の低下や、災害に対する脆弱性が増大する恐れがある」とし、地域コミュニティが更に希薄化した場合の危険性を指摘している。

戦後、東京の住環境改善では、1軒当たりの面積や部屋数の増加、自家風呂の普及（銭湯の衰退）などが進み、時代の変化に合わせて、核家族化の進行とともに、価値観の多様化、個人主義の深化、地域コミュニティの希薄化が進んでいる。

1995年の阪神淡路大震災を契機に、コミュニティの協力関係が多くの命を救ったことを私たちはリアルに実感し、2011年の東日本大震災でも地域コミュニティの必要性をあらためて再認識した。

あらゆるまちづくりの課題の中で、今まで当たり前のように存在していたコミュニティが徐々に希薄化していくことに対して、これを食い止め、その再生に向けて地道な取り組みを進めていく必要がある。

ここで東京のコミュニティとは何かに触れておく必要があるだろう。

そもそも東京の発展の歴史を見れば、古くから東京に居住している東京人はごく限られた数でしかない。大多数の東京人は戦前戦後の2回の転入加速期に転入してきた人たちで構成されている。1回目は戦前の1920年代から戦中の1940年頃までの20年間の軍需産業発展期で、東京の人口は1925年から1940年の間に449万人から735万人と286万人という大量の人口増加があった。

戦局が厳しくなり疎開が奨励され、終戦直後の物資不足の間に東京は約250万人の人口減少を見るが、1955年までには戦前の人口を回復させている。

2回目の加速期は戦後1955年頃から1970年頃までの15年間の高度成長期に東京へ大量の労働力として人口流入があった。東京の人口は1955年の804万人から1970年の1141万人と拡大し337万人という大量の人口増加となった。

1970年から2015年までの45年間で190万人の人口増加でしかなかったことを考えると、この戦前・戦後の2回の人口加速期は特異といっていいだろう。またこれが原因で道路、施設ほかの社会基盤の整備が追い付かなかった時期といってもよいだろう。このことが東京のコミュニティ形成にもそれなりの影響を与えている。

東京のコミュニティのうち、特に自治会・町会の構成は大雑把に言うと、一部の地主でもある少数の東京の地元民と、戦後の地方からの大量の転入者によって構成されている。転入者たちは、特に高度成長期に次から次へと重層的に定着し、徐々に自治会・町会の担い手となっていき、高齢化した現在も自治会長・町会長や中心役員として活躍している例が多い。いくつかの理由が重なり若い担い手が不足がちで、現在、自治会・町会の担い手も高齢化している。そもそも一般的に自治会・町会の地域基盤は、地元の神社に所属する氏子の居住範囲である集落共同体に相当する。このエリアの線引きは、行政が戦後、道路を境に住居表示を行ったが、今なお自治会・町会は古い集落共同体の範囲で運営されている例が圧倒的に多い。そのため、町会区分線と行政区分線が違う地域が都内でいくつも存在する。

戦後GHQはポツダム政令15号により戦争動員に協力したという理由で自治会・町会活動を禁止した時代があった。戦後の食糧配給、DDT散布（殺虫消毒）、道路やどぶ（下水溝）清掃、生活ごみの扱い、役所からの情報伝達などの生活に必要な情報や共同作業の協議などのための唯一の地域コミュニティである町会機能に支障が生じるような政令であった。しかし、昭和27年10月にこの政令は解除され、昭和30年には全国の町会は完全に復活していた。

町会が行う様々な地域活動や祭りは神社行事を基本に組み立てられていたため、神社を基本とした氏子の線引きはそのまま復活し、後に行政が画一的な行政区域の線引きをしても大きくは影響されなかった。

戦後の東京の自治会・町会の歴史はこのような事情により、当初ごく限られた数の東京居住者で構成されていた自治会・町会に、陸続と東京に流入する新住居者が新生活の場で町会組織に加入した。

京浜工業地帯の発展と大田区のコミュニティ

ここで、東京のコミュニティの中でも、京浜工業地帯の一角を占め、戦後、工業を担うために地方から大量に転入してくる労働者群を受け入れてきた大田区を基本に、コミュニティの可能性について触れておきたい。

東京の自治会・町会の中でも比較的貧しい下町と中流層で形成される専用住宅地ではそれぞれ違った地域の特性がある。

東京の下町にも昭和初期には既に下町として形成されていた地域と、戦時下および戦後の工業の発展と共に新たに転入してきた労働者群が集中して居住する地域では、また違う地域特性がある。前者は比較的戦後復興期に居住の区分がほぼ確定していたため、新規の転入者を受け入れる余地もあまりなかった。しかし、大田区のように戦時下および戦後の工業化を全面的に担ったような地域では、産業の要請から居住環境すら考慮する余裕もなく、大量の労働者群を受け入れていくこととなった。狭い道路と狭小な住宅と木賃アパートが連なるようなエリアである。これは、昭和初期には既に形成されていた東京の下町や、山の手の戸建住宅地とは色合いの違う形成過程を経た。

大田区では、旧住民のうち、新住民に土地や住居を提供して家賃を得る人たちは新住民を積極的に受け入れた。また、先行して東京に転入してきた人々は、後発の転入者に東京の生活指南も行うという自然な協力関係の中で町会が生活密着型の組織として機能していた。そして、旧住民から新住民へ徐々に町会運営主体が移行してきて現在に至っているといえよう。

東京の自治会・町会のうち特に高度成長で工業化を担い人口が爆発的に増加してきた大田区の下町のコミュニティの特徴は、戦後のゼロからの復興期に未だ豊かとは言えない生活を助け合う必要性の中で形成された。

これらの地域特性から東京のコミュニティの質も決して同じものではなく、この質の違いも自治会・町会加入率の違いに影響しているものと思われる。加入率の違いの原因は決して質の違いだけではないだろうが、大まかな自治会・町会の加入率は、東京都全体では２００３年に加入率が平均61％であったものが、２０１３年には平均54％に減少している。たとえば、大田区、北区、台東区の加入率は75％前後、文京区、墨田区は70％、江東区64％、千代田区、足立区、世田谷区、品川区が57～59％、新宿区、杉並区、板橋区、豊島区が51～54％、中野区48％、練馬区42％といった状況である。

協働・連携の可能性

２０００年の地方自治法改正以後、全国の地方自治体は国や上級官庁に依存することは不可能となり、様々な施策は自治体が責任をもって打ち出し、自治体の自己責任の範囲で施策の展開をしなくてはならなくなっている。この時期にほぼ並行して各自治体は地域住民や地域団体をあらためて見直し、新しい行政施策のパートナーとして位置付けるように動き始めている。これは、今までの「サービス提供者は役所、サービスを受け取るのは住民」という図式から一歩踏み出し、役所と住民が一緒に課題解決していくという考え方である。これを各自治体では「新しい公共」と言ったり「連携・協働のまちづくり」「連携・協働論」と銘打ったりしている。

このことについては、ＮＰＯ系の団体がいち早く反応した。これは日本のＮＰＯ・ボランティア団体が１９９５年の阪神淡路大震災以来、それぞれ自主的な活動を通じて「公共における行政との役割分担」が自分たちで考え規定してきた「自発的な活動で公共を支える」という論理にぴったりとマッチしていたからである。

この連携・協働の考え方を行政側は今後のコミュニティの在り方として施策展開の方法論に取り入れ、従来のコミュニティの担い手である自治会・町会にもあらためて連携・協働による協力関係を理解してもらい、推進していこうと努力をしている。以前から行政に協力的であった自治会・町会は行政の要請をすんなりと受け入れ、以前と同様、行政への協力を惜しんではいない。

コミュニティの希薄化が進行する中、東京23特別区の各区役所は自治会・町会活動の活性化や、組織加入の促進の支援施策を次々と打ち出している。また、新しいコミュニティの可能性としてNPO・ボランティア団体等の地域活動団体への支援策も進めている。このように各区とも手探り状態ではあるがコミュニティ回復に向けての努力が始まっている。

しかし、そこまでの変化があるにもかかわらず、現実には自治会・町会の加入率の低下やコミュニティの希薄化は進行している。その大きな理由は自治会・町会が本来は専門的な個別課題を解決するための組織ではなく「親睦を基本とした地縁組織」であることに理由があろう。古くから生活の必要性から地縁組織に依拠して生活してきた人々の意識が、生活が豊かになり隣近所に頼る必要性が薄れてきたことで、自治会・町会に結集する目的が希薄になってきていると思われる。

地域組織や機能の中には、自治会・町会以外に民生委員の組織、子供会やPTAなど行政と課題別、目的別に連携している組織もあり、また、独自にミッションを持って活動を開始しているNPO団体も存在している。

今後はこれらの団体が深く横に連携して地域課題を相互に理解し、地域全体の目的や在り方を一緒に考えていくことが必要であろう。

民生委員や子供会・PTAや各NPO・ボランティア団体は、そのメンバーの結びつきは、自治会・町会ほど面的に網羅されてはいない傾向にある。特に専門的課題で結集する小規模なNPO・ボランティア団体はアクティブである反面、活動領域が狭い傾向にある。構成員がインターネットやSNSで繋がり、比較的広範囲で個別に点と点で結ばれているだけで、地域全体を網羅的に活動エリアとするまでの力量がないのが一般的である。

その中で、地域の隅々までを面的に組織自前のエリアとして網羅している自治会・町会の存在は大きい。自治会・町会は地域を細かく分け、街区ごと班長や組長を輪番制で受け持ち、回覧板や掲示板、口頭での情報伝達など、日常的な顔合わせの中で組織が維持されていて、地域の末端までコミュニケーションが図れる基盤を持っている。町会の地域を網羅する力と、NPO等の課題別の活動が有機的に結合したとき大きな力となるだろう。こういった地域内の各団体の連携・協働こそが最大課題ともいえる首都直下型地震に対応する防災対策にも大きな力になるであろう。行政は積極的に地域団体の連携・協働を促す作業を進めるべきであろう。

大田区ではここ数年継続して「地域活動コーディネーター養成講座」を開催し、自治会・町会役員も含めて、NPO・ボランティア団体活動のメンバーや民生委員、PTA役員、地域包括センター職員・おやじの会・保護司・商店会メンバーなど地域で活動するあらゆる人たちを対象に講座を開催し、それぞれの連携・協働を促進する作業を行っている。この中で伝統的な側面を持つ自治会・町会と、新しい感性で結集したNPO等の団体は、構成員の年齢層が違う場合が多く、その組織運営の方法や、人と人との付き合い方、会費の徴収方法から、情報の扱い方など、様々な点で文化や風習が違う場合があり、お互いに違和感を感じることが多々ある。しかし、これらの相違点はお互いが理解し合うことで解消できることであり、充分に話し合っていくことが必要である。その相互の中継ぎは行政側でこそできる重要な作業施策といえよう。

空き家住宅、中古住宅の今後

今までは空き家や中古住宅については個人の財産上の問題として大きな社会性、社会的意味を持たずに置き去りにされてきた感がある。しかし空き家率が全国で13・5％という高率となり、今後人口問題も合わせて大きな社会問題になってきている。国土交通省の「住生活基本計画」では、住宅政策としての側面から、中古市場の活性化など経済政策として焦点化している。また、社会生活のコミュニティの問題としても焦点化している。

自治体が住宅政策や経済課題を施策化する場合には国の政策実施を参考にして策定することが可能だが、「コミュニティ施策」に関しては基礎的自治体である各地方自治体が地域の特性に合わせて独自に取り組む必要がある。今後、各自治体はコミュニティ行政と空き家・中古住宅問題を連動させ、連携・協働の手法でこの問題を解決していく必要に迫られている。各自治体と各コミュニティを構成する全住民の連携した活動が期待されている。

大田区空き家活用プロジェクト

――共立女子大学・髙橋ゼミナール

前節で大田まちづくり公社の廣瀬氏に大田区の空き家マッチング事例について詳しく述べていただいた。本節では、私たちのゼミナールが3年前から携わってきた大田区空き家活用プロジェクトについて述べるとともに、産学官連携のあり方、現場を経験することによる教育的効果を軸として話を進めていきたい。

1. 廃墟のいざない

ＪＲ京浜東北線 蒲田駅西口にある賑やかな商店街を抜け、呑川沿いを15分ほど歩くと低層の木造住宅が密集した界隈がある。今でも小さな商店街や古い木造住宅、木賃アパートが残っており、その風景は下町そのものである。私たちのゼミナールが２０１５年11月まで運営に携わっていた住宅はその中にひっそりと建っている。

改修前の蒲田ハウス

敷地面積１３３．９８㎡、延床面積５２．４２㎡のこの住宅（以下蒲田ハウス）は１９５１年に建てられ、住み手のいなくなったこの住宅には建物が見えなくなるほど雑草が生い茂り、建物自体も朽ち果て、あとは倒壊するのを待っているような有様であった。

この建物のオーナーは代々この辺り土地一帯を所有していたが、それらを切り売りしていくうちにここだけが残ってしまったわけである。近隣の住宅も少しずつ更新されはじめ、オーナーもそろそろ建て替えを考えていたが、敷地が接道要件を満たしていないという大きな問題が立ちふさがる。建築基準法第43条の規定で『（都市計画区域内では）建築物の敷地は、原則として、幅員４ｍ以上の建築基準法上の道路に、２ｍ以上接していないと建築物を建てることができない』という接道要件がある。この敷地の接道幅は約１ｍ。人ひとりがやっと通ることの出来るきわめて狭いものであり、建物を新築することが出来ない。未接道の旗竿敷地という法的、不動産的にはネガティブな要素であるものの、両隣の住宅に挟まれた路地状の空間を抜けるとちょこんと小さな平家の建物が鎮座し、低層住宅に囲まれた庭が見えてくる。周辺の雑多な環境から少し距離を置いた落ち着いた雰囲気と誰にも邪魔されない南側の庭が、私にとってはとても魅力的であった。

最終的にオーナーは住友不動産株式会社の「新築そっくりさん」という手法を用いてフルリノベーションを行うこととなる。

当時この物件を住友不動産で担当していた渡部立也氏（現：暮らしと家の研究所代表）が知り合いだったということもあり、彼にフルリノベーションするような物件があれば学生に見学させることは出来ないかと、以前より声をかけさせていただいていたのが、この蒲田ハウスプロジェクトのはじまりである。竣工後1年間はモデルハウスとして住友不動産が借りることになっており、内覧会を開催しない時はオーナーの許可のもとに活用してみては、という非常にありがたい話もいただいた。

これが小さな点が集まりはじめるいわばプロローグだったわけである。このプロジェクトが地域の人々を巻き込み、様々なメディアで取り上げられ、次のプロジェクトに繋がっていくとは全く想像していなかった。

2. 建築現場に入ってみる

渡部氏よりオーナーの許可がいただけたとの連絡を受け、当時（2014年度）私のゼミに所属していた学部3年生に早速打診してみた。大学で建築を学んでいるとはいえ、実際の建築現場に出たことの無い学生たちにとってまったく想像のつかない世界だったことであろう。当然ながら反応も芳しくなかったというのが正直なところである。

しかし、当時ゼミ長であった小池萌佳（2014～2015年度所属）は手を動かす作業がとにかく好きで、彼女の熱意が他のメンバーを動かしたと言っても過言ではない。

最初の現場視察ではこれまで見たこともないような廃屋に恐る恐る入り、職人たちが次々と仕上げ材や壁材を剥がし、その内側から柱や梁、筋かいが見えてくる様を食い入るように見ていた。

改修現場の見学

この視察から彼女たちの反応も徐々に変わり始める。のちの現場視察に少しずつ参加するようになり、現場のプロから仕事の合間に左官や塗装などを教えてもらい、現場から様々なことを吸収していった。実際の現場で空間が生まれる過程を経験することで彼女た

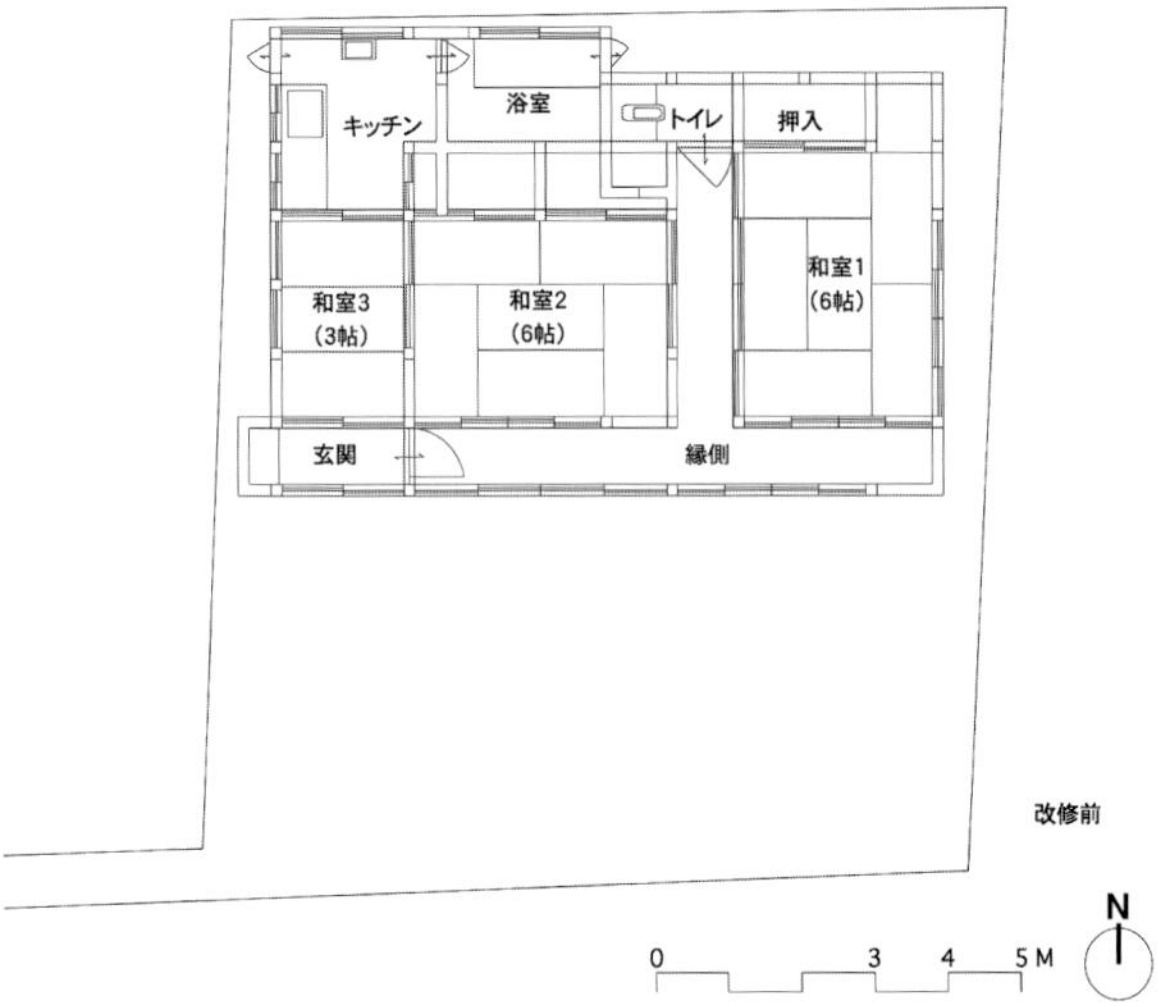

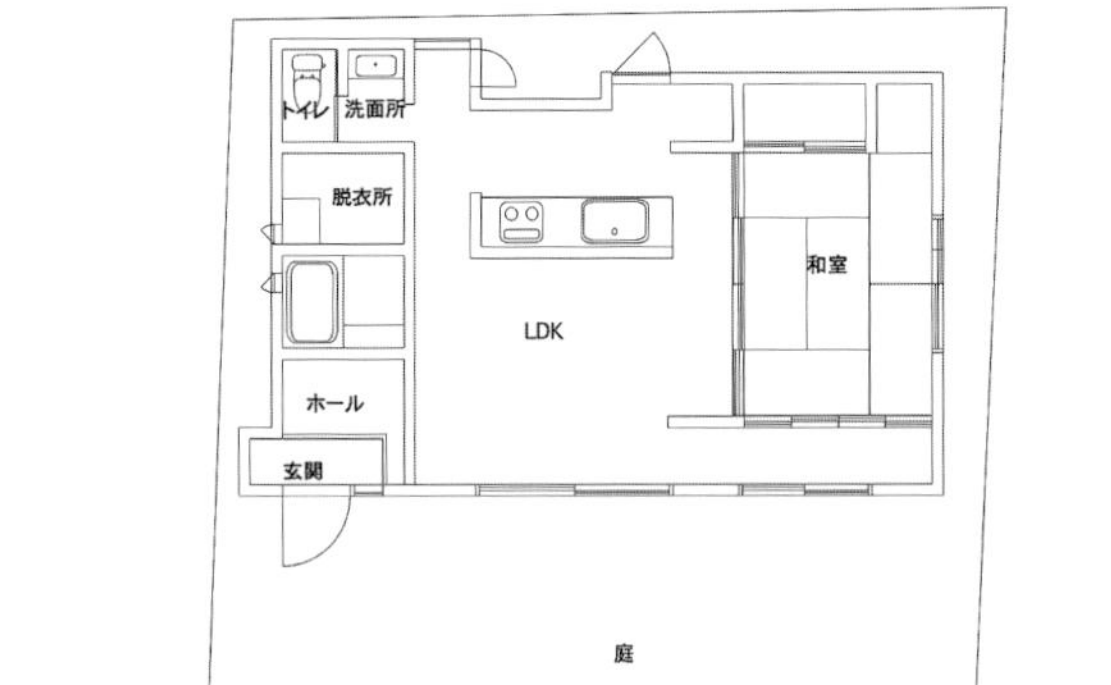

改修前・改修後平面図（図面作成・中川有加）

ちの蒲田ハウスに対する愛着が増したような気がする。これは私たちだけに言えることではなく、自分たちがつくるプロセスに加わったという意識を持つことで、建築やまちに愛着を持たせるひとつの手法ともいえよう。

蒲田ハウスは耐震補強を施し、水廻りをコンパクトにすることでほぼワンルームに近い形に改修し、既存梁を化粧として露出させ、天井高を3,100mmにすることで開放的なものとなった。以前の面影をうまく残しつつ2014年11月に無事竣工したものの、渡部氏の期待に応えられるような活用企画案が出ず、悶々とした数ヶ月を過ごすごとになる。

3. 蒲田の地で叫ぶ

学部3年の山本章子（2014～2015年度所属）が「可能であれば、私にその企画を担当させてください。」と相談してきたのは2015年1月上旬のことであった。ここから蒲田ハウスの企画が大きく動きだすこととなる。彼女は止直なところ設計が上手いわけでもなく、それまでの大学生活の中で熱意を持って取り組めるものも見つけ出せず悩んでいた学生である。ただプレゼン能力は素晴らしいものがあり、そういった才能をどこかに活かせないかと私も考えていた。彼女はプライベートでかなりオタク的な趣味を持っており、いつかその世界の人たちの作品をどこかに集めて展示してみたいと思っていたようで、彼女の話

叫び展・リビングの作品1

叫び展・リビングの作品2

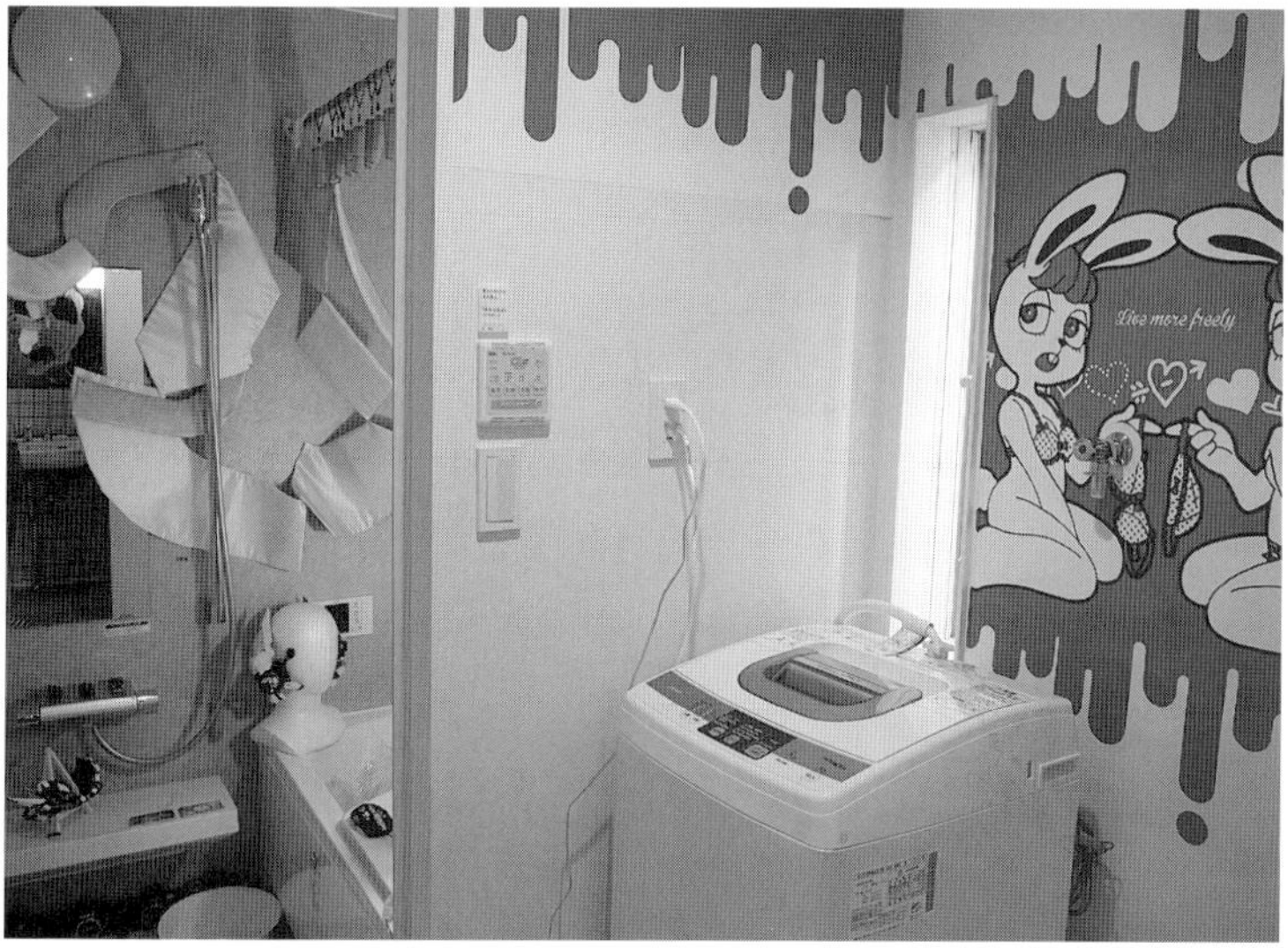

叫び展・洗面室周りの作品

叫び展・和室の作品

を聞いたもののモヤモヤした感じではあったが、企画書を見せてもらった時、かなりの面白さを感じた。

この展示企画の許可をもらうため、山本がオーナーや渡部氏にプレゼンし、快諾を得て、当時蒲田ハウスの管理者であった住友不動産にもバックアップしてもらいつつ、この企画は実現に向け大きく進み始めた。そんな中、大田区がこの展示会を後援してくれるという想像もしていなかったことが起こる。相当なオタク趣味の職員がいるものだと最初は思っていたが、学生たちがこの企画のPRをするために大田区役所へ行ったところ、前出の廣瀬氏が運良く窓口にいたわけである。廣瀬氏はこの企画をクールジャパンそのものじゃないかと積極的に後押ししてくれた。ただ企画自体、役所のイメージから大きくかけ離れるものであり、区の後援を得るためにはかなりの障壁があったはずである。しかし廣瀬氏はそんな苦労を全く見せず、いいものを作ってこの企画を成功させようじゃないかと学生たちを勇気づけてくれた。私たちにとってこの型破りな方と出会えたことはとても大きな収穫であった。

その企画が通った後から山本は今までにないほどの動きを見せ始め、アーティストへの交渉や役所・道路占用許可を得るための警察との折衝・近隣への説明・フライヤーづくり・ウェブへの情報発信など、同期や後輩の中川有加（2015～2016年度所属）を巻き込みながら積極的に動き、最終的に慶應SFCのサークルと一緒にこの展示企画を行うことになった。

その名も「叫び展」。

これまで誰も目にとめなかった旗竿未接道の小さな敷地が生まれ変わり叫ぶように産声を上げた、そんなイメージでもある。この展覧会は２０１５年5月28日から6月1日までの５日間、蒲田ハウスにて開催された。出展者は講談社主催のオーディション「ミスｉＤ２０１５」でグランプリを受賞した漫画家でアイドルの水野しず、ストリートウェアブランド・galaxxyとのコラボでも注目を集めているイラストレーターのジェニーカオリ、イラスト展「胸きゅん展」で注目のReo*spikeeやeimiなど、多彩かつ話題性のあるアーティストによる作品が蒲田ハウスの空間を上手く使いながら展示され、ＳＮＳで広まったこのイベントはまたたく間に広がり、かなりの話題を呼んだ。５日間で約２００人の来場者があり、この近辺に若い世代の人々が押し寄せることなどなかった近所の方たちはさぞかし困惑したことであろう。しかし近隣に対しては事前に説明していたため、特に大きなトラブルもなく、次のイベントでしっかりと地域に受け入れられるようになる。このイベントを開催することで次年度の運営を担当する学生たちはたくさんのノウハウを得ることが出来た。

4. 沖縄の風

叫び展以後、次の企画は身近なところから始まった。以前私たちの大学で助手を務め現在彫刻家として活躍している中西亨氏から、沖縄県立芸術大学（以下沖芸大）の同窓会が30周年プレ事業の一環として自分たちの活動を広めるための場を東京で探しており、蒲田ハウスを使わせてもらうことは出来ないか、との問い合わせがあった。現在、沖芸大准教授であり国際的に活躍する彫刻家・砂川泰彦氏も中西氏の前任として共立の助手を務めており、その縁で今回の打診があったわけである。早速、東京の窓口である中西氏と打ち合わせを始めることにした。まず蒲田ハウスを実際に見てもらい、この空間が砂川氏の展示イメージに合うかメールでやり取りを進め、ここを会場として展覧会を行うことになった。

美術館やギャラリーの展示空間は鑑賞体験を純粋化させるために、ホワイトキューブいわゆる白い立方体が原則であり重要である。蒲田ハウスは住宅であるため、ホワイトキューブまで空間を純粋化させることはできなかったものの、白い壁面の多さ、リビングの露出させた既存梁や最小限の改修にとどめた六畳間の和室のノスタルジックな感じがいい雰囲気を醸し出してくれそうであった。この経験は様々な改修においてきっと役に立つはずである。展示作品が比較的小さな彫刻作品が多かったいうことも、空間のスケールにあっていたと思う。

展覧会ではモダンアート的な扱いのできる作品が多く出展される予定ともあって、この空間と展示作品、縁側から見える無機的な庭と周辺の雑多な風景が面白い化学反応を起こすのではないかと関係者を大いに期待させた。

その後、展覧会期間の細かい調整やＤＭ・図録制作、報道機関へのＰＲ、作品の搬入、展

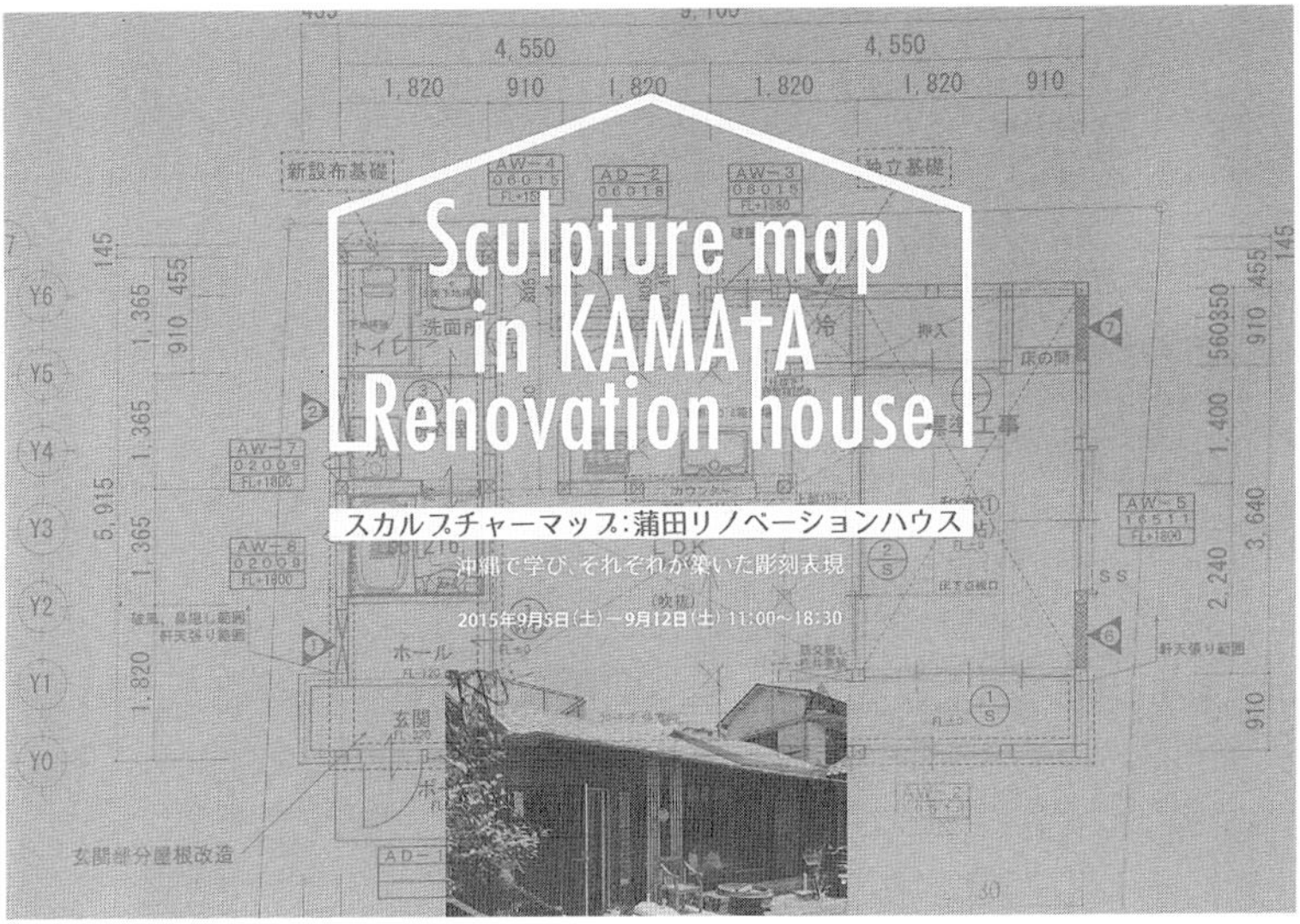

スカルプチャーマップ・薄田リノベーションハウス図録

示期間中の立会いなど学生も交えながら開催に向けて慌ただしく動き始めた。

雑草をすべて刈って表土を入れ直し、芝を植えた南側の庭は三方を隣接する住宅に囲まれた、とても安定した環境を作り出していた。都心では滅多に出会うことのない素晴らしい外部空間である。

建築設計に携わっている私自身、旗竿・未接道のワンセットはできれば関わりたくないものとして避けてきたが、この庭に出会えたことで、与条件さえ整えば住み手にとって素晴らしい環境を構築することも可能なのだという確信を得た。

「Sculpture map in KAMATA Renovation House」と題した展覧会は2015年9月5日～12日の1週間行われた。学生たちが近隣や商店街へのPR

リビングの彫刻作品

をしてくれた甲斐もあって、それを吹き飛ばしてくれるかのごとくこの小さな家に毎日約50名ほどの方が訪れた。一軒家で彫刻展を開催するということ、これ以前の廃墟がこれほどまでに変わるのかという驚きの声が非常に多かった。近所の高齢者福祉施設の職員の方が昼休みの息抜きに立ち寄ったり、幼稚園のお迎えに来たお母さんがお子さんと彫刻を見に来たり、サンマをお土産に持って来てくれる近所のおじさんがいたりと、着実に地域の開かれた場所になりつつあることがとても嬉しかった。

建物の内と外を使った彫刻展は大盛況のうちに終わり、新聞にも採り上げられ、小さな点は線となり、線は着実に面になっていった。しかしオーナーと住友不

庭の作品

和室を活かす

動産の契約終了まであと2ヶ月と迫っていた。

5．それは子育てママの会話から

夏の日差しも和らぎ、秋の風が吹き始めた頃、蒲田ハウスとの別れが少しずつ近づいてきていることを学生たちも感じていた。

蒲田ハウスを使えるのはあと2ヶ月。彫刻展以後、近隣の方々に受け入れられ、自治会長さんや近所の子育てママさんたちが庭にフラリと立ち寄ってくれることも多くなり、天気のいい時にはデッキに腰掛けたり、庭の手入れをしていたりすると、声をかけられることもあった。

残りの数少ない時間は地域のためにこの空間を使いたい、最初のコンセプトである「まちの縁側」で終えたい、その思いが届いたのかこの蒲田ハウスを使わせてもらえないかという問い合わせが来た。その方は幼稚園帰りのお嬢さんと彫刻展に立ち寄ってくれた近所の子育てママさんであった。ゼミ長の山田真由（2015～2016年度所属）と話を伺ってみると、時々スクラップブッキング（お気に入りの写真を飾るペーパークラフト）の講師をされており、いろいろな場所を借りながらワークショップを開催しているとのことであった。このワークショップには子連れで来られる女性が多いこと、開催する場所の料金や区の施設を借りる際の敷居の高さといった悩みであったり、クラフト系の小さなマルシェを開いてみたいといったご自身の夢まで聞くことができた。

そこで、まずは母親たちの意見を集めるためにも、近所の子どもたちとその母親と一緒にハロウィンパーティを開催してみようということになり、ゼミ生たちが早速準備に取りかかる。2015年10月末に開催したパーティは大盛況であった。その中で小さなお子さんたちを持つ母親たちが普段集まる場所を探すことにかなり苦労していることを知る。山田はこのパーティを通して、多くの家族が集まれる空間、庭で子どもを遊ばせながらキッチンで料理も楽しめ、疲れたら和室の畳で横になり、おむつの交換だって授乳することだって出来る、といったこの蒲田ハウスの利点を直接聞くことが出来た。これは空き家の利活用においても非常に重要な意見のひとつではないかと思う。「こんな場所が多くなれば子育てママやパパが集まって、さらに地域の方々が集まってくるアットホームな場所になるはずで、それが私たちの目指している地域の縁側です」と取材を受けた新聞で山田は語っている。ここまで来るとできることならもう少しだけこの蒲田ハウスを存続させたい。そんな焦りにも似た気持

ハロウィンパーティー・フライヤー

ハロウィンパーティーに参加してくれた子どもたちと

ちが学生にも私にもあった。そこで、自分たちのことを「地域のえんがわつくり隊」と名付けたゼミ生たちが最後の願いを込めて行ったのがクラウドファンディングである。この試みは残念ながら事業として成立しなかったが、このような活動に賛同してくれる方が多かったことは学生共々非常に勇気づけられた。この経験は決して無駄にならないはずである。

あと残り1ヶ月。この蒲田ハウスの最後を飾るような企画の準備がパーティ終了と同時に始まった。

6. さよなら蒲田ハウス、こんにちは多摩川ハウス

2015年11月。今月末には蒲田ハウスともお別れしなければいけない。1年

前にはまだまだ時間はたっぷりあると思っていたものが瞬く間に過ぎていった。その最後にふさわしいイベントが「えんがわのつどい　てづくり市場」と名付けたマルシェである。これは前出の子育てママさんたちから企画案をいただき、大田区のクラフト作家7人が集い、ワークショップや実演販売を行うというものである。開催日は契約終了1日前の11月29日日曜日10時〜16時。ゼミ生たちはこの最後の企画を成功させようと、チラシ制作、家具レイアウト、当日の段取りなど昼夜無く準備に勤しんだ。地域の商店街や幼稚園、保育園、マンションまでこのチラシを配布し、ウェブでもPRし、いよいよ29日となった。

当日はボールペンアート・スクラップブッキング・消しゴムスタンプなど子どもから大人まで楽しめる内容となっており、オープンと同時にたくさんの人が詰めかけ、時間帯によっては身動きがとれないほどの混雑ぶりであった。この日の来場者数は約１００人。これまでにないほどの盛況ぶりであった。参加された作家さんたちも訪れた方たちも大変満足していただけたようで、学生共々非常に充実した一日となった。華々しい最後の日となった蒲田ハウスもきっと喜んでくれたに違いない。最終的に近所の方々にこのような場所があるということを知ってもらえたこと、空き家の利活用に関する様々なデータを得られたこと、学生への教育効果が十分にあったことを考えれば、この短期間で非常に有意義な活動だったと思う。

この活動に快く賛同してくださった蒲田ハウスのオーナー、このような機会を与えてくれた渡部立也氏、学生たちの活動を温かく見守ってくださった齋藤隆氏、間世田淑子氏、鈴木俊哉氏をはじめとする住友不動産の方々、そして株式会社大田まちづくり公社の廣瀬氏、大田区の協力なしにはこの1年を乗り切ることが出来なかった。学生たちの活動資材の確保などに奔走してくれた助手の菊地真理子氏にも感謝したい。これらの企画を成功させようとひたむきに頑張ってくれたゼミ生たちの成長ぶりには素晴らしいものであった。小さな点が線になり、大きな面ができ、この蒲田ハウスでの経験が次のプロジェクトへとつながっていく。その後、蒲田ハウスは大田区の特区民泊第一号として様々なメディアに大きく採り上げられた。

現在、大田区は同区多摩川にある一軒家（多摩川ハウス）を舞台にして3年間、空き家の社会実験を計画している。我々も大田まちづくり公社と連携し、この多摩川プロジェクトに実践的に協力参加していきたいと考えている。

7. 人を育てるということ

私たちのゼミプロジェクトとして動いているものはこの空き家利活用プロジェクトだけでなく、大手デベロッパーとの商品企画、こどもたちに建築教育を啓蒙していくためのワークショップの企画運営など、設計だけのものもあれば、企画単体であったり、ワークショップであったり、施工であったりと内容も多岐に渡る。ゼミに所属する学生には様々なタイプが

えんがわのつどい　てづくり市場フライヤー

てづくり作品が並ぶ

いて、建築を学んでいるからといってすべての学生が設計を得意としているわけではない。私はゼミに在籍する間に建築やまちをつくる楽しさ、人とコミュニケーションをとりながらプロジェクトをまとめる楽しさを知ってもらえればそれでいいと思っている。そのためには、学生の個性と能力が十分に発揮できるよう、それぞれの学生とできる限り話した上でプロジェクト担当を決めていく。オフィシャルな研究室での話だけでなく、廊下での立ち話であろうと、ちょっとした雑談であろうと形はどうであれとにかくいろいろ話す。それぞれの学生と話していくうちに彼女たちが持っている長所がわかってくるし、彼女たち自身もそれを活かせるプロジェクトに加わっているような気がする。すべてうまくいくとは限らないが、概ね順調に進んでいると思う。

今の学生は勉強しない、アルバイトばかりだという人たちもいるが果たしてそうだろうか。これだけ多様

ワークショップの光景

大盛況のてづくり市場

な情報が渦巻く社会の中で、自分たちの時間をやりくりしながら、ゼミに在籍する2年間ほぼフルに動いているような感じである。とにかくよく動くし、段取りの良さは素晴らしいものがある。また、私が非常に高く評価しているものは彼女たちのコミュニケーション力である。いつの間にか地域の人々たちの間にスッと入り込んでいく才能は私たちには無いものであり、蒲田ハウスだけでなく、多摩川ハウスにおいても、社会に出てからもこのコミュニケーション力が威力を発揮することになるであろう。人間の悪いところを探すのは簡単であるが、良いところを探すのはなかなか難しい。しかしそれを探して伸ばすのが教育というものではないだろうか。私たちの活動はまだまだ発展途上であり、蒲田ハウスの経験を活かしつつ、次の多摩川ハウスでも空き家利活用に関するさらなる新しい知見を得たいと考えている。

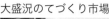

蒲田ハウスプロジェクト担当スタッフ一覧

（２０１５年度）東奈津、岩渕文世、川本秋乃、川俣芽生、齋藤万緒、﨑山遥、佐野和佳那、鈴木梓、高橋優子、都築絵美利、中川有加、八戸莉代、藤岡茉利絵、山田真由、吉岡蘭香

多摩川ハウスプロジェクト担当スタッフ一覧

（２０１６年度〜）常陰悠乃、味岡保江、稲田和佳奈、大曽根早希、小倉千佳、影山千鶴、河合茉琳、駒井初妃、佐藤暖、五月女由佳、戸叶奈見、平山海奈、藤澤芙慈、本間はるか、松本理沙

第2章

まちが主の取組事例解説

鹿児島県南九州市頴娃町

頴娃町のまち再生プロジェクト

根本修平（第一工業大学）

幾つかの背景

鹿児島の地勢

鹿児島県は、九州本土側と離島によって構成され、離島は与論島までを含み、南北で600kmに及ぶ。本土側は、桜島を中心に西側の薩摩半島と東側の大隅半島の大きな2つの半島で構成され、美しく長い海岸線に囲まれている。それぞれの半島に比較的大きな都市が点在するが、1987年に宮之城線や大隅線など半島をカバーしていた鉄道が廃線となった以降、都市間の移動は自動車とフェリーに限られている。そのため出張の移動距離が400kmを超えることもあり、それぞれの街が独立した島のようで、陸続きでありながら

鹿児島の人口と空き家率

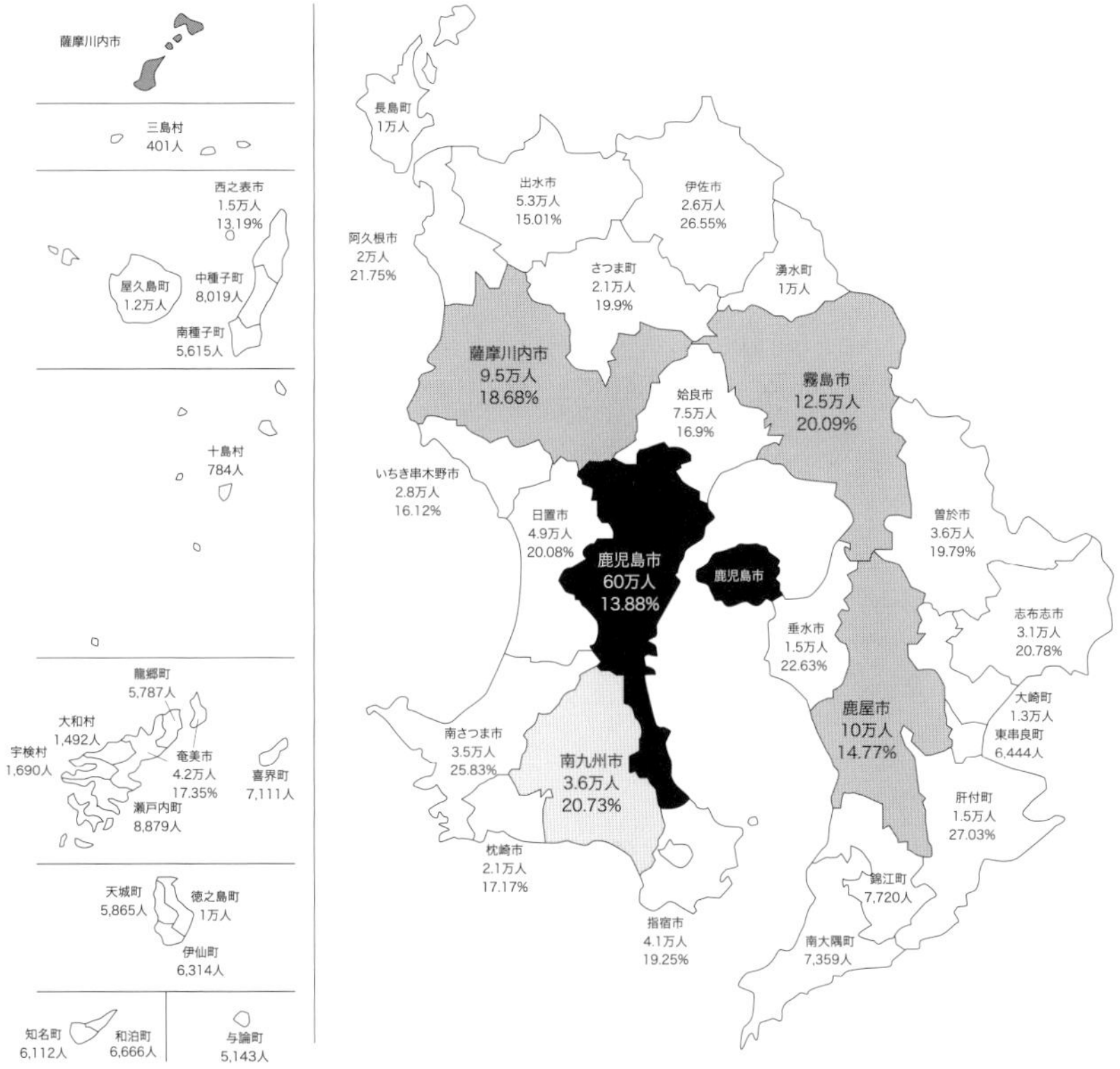

出典：総務省「平成25年住宅・土地統計調査」
県推計人口（市町村別）鹿児島県企画部統計課、平成28年10月1日

小さな街が群島のように点在している印象がある。

比較的大きな街とは、鹿児島市（60万人）でこれに中規模の霧島市（12万人）、鹿屋市（10万人）、薩摩川内市（9万人）などが続き、これらの街に県内の主要な企業や文化拠点などが集中し、周辺の小さな街からこれらの街に転居していく流れが否めない。空き家率は、高いところで20％から低いところで10％程度、地域ごとに偏りがあるものの鹿児島県平均17％は全国平均を上回っている。小規模の町では、住宅以外の商店や学校などでも「空き」が目立っており、学校の統廃合や廃校にともなう小学校区の孤立が顕在化しはじめている。

鹿児島の大学

大学や短大などの高等教育機関は、本学を除いてすべてが鹿児島市に所在している。このうち建築を学べる大学は2校で、短大や高等専門学校、専門学校をあわせても6校程度と決して多くない。大学院を設置しているのは、鹿児島大学のみである。鹿児島県の大学進学率は、おおよそ40％で東京都の半分程度、高校卒業後は就職を希望する生徒が多い。離島などの場合は、いずれ島に戻りたいという希望が大勢を占めるため、医療福祉系の就職が昨今人気があるそうだ。

大学に進学し卒業すると半数の学生が県外に就職するため、鹿児島で生まれて鹿児島の大学を卒業し、鹿児島で就職する学生は比較的珍しい方なのかもしれない。そこには、東京などの大都市に対する憧れだけではなく、親世代を見てなにかを経験的に感じているのかも知れない。そのため地域としては、Ｉターンやターンなど、移住定住に積極的に取組んでいるという環境がもう少し見えてくると思う。

大学組織の変化

東日本大震災以降、より一層顕在化した地方創生への流れは、当然ながら教育や大学の置かれている環境にも及んでいる。とくに地方の私立大学においては入学者数の減少も重なり、変化が余儀なくされているように感じる。これまでの教育・研究機関という大学の担う役割に加え、地域の核となり積極的に連携することが求められるようになったことは大きい。

知の拠点大学による地方創世推進事業（ＣＯＣ＋）とは、地域を担う人材を育成するための取組みで、地域の実情に応じた雇用創出や学卒者の地元定着率向上にむけ、大学が地方公共団体や企業などと協働し、地域が求める人材を育成するために必要な教育カリキュラムを設けることを支援する取組みだ。しかし本学のような比較的小回りの効く小規模な地方私立大学においては、この取組みはむしろ後追いになっているとさえ感じる。大学進学率の低い地域では、入学定員割れは全国に先行してやってくる。そのまま大学の存続につながるため、前掲の取組みを待たず、他大学との差別化の一環として地域の協力に取組んでいた。その成果は、就職実績として進学希望者に示すことが重要であり、その結果幸いながら就職に強い本学は生き残っている。

地方での学び

鹿児島は、東京などと比較すると当たり前だが都会ではない。しかし一方で田園の広がるいわゆる田舎の直中にあるわけでもない。鹿児島の街を島と形容したが、これはここに限ったことではなく周囲との関係を絶たれた島的な環境は首都圏にも見ることができる。前任校である東京電機大学の理工学部は、埼玉県の鳩山という都心部から東武東上線で1時間程度のところにキャンパスがあった。都心部に本体があり、1学部がサテライトとして郊外にあるパターンだ。

鹿児島と鳩山に共通するのは、建築的メディアやムーブメントとの距離感だと感じられる。どちらもいわゆるメディアの中心を担う東京の大学や学生の取組みなどに対して一程度の距離感を感じ、接点を探しつつ自ずと独自の方向を志向しているのではないだろうか。この状況は、決して悲観的ではなく、前掲の地方創世への胎動とも重なり、教育も同様にその場所でしかできない取組みを通してより良い人材の育成に努めていると思う。むしろ状況に順応したカリキュラムを策定できるため、革新的な教育に取組める利点があると感じられる。

ホームセンターでの学び

こういったやや田舎にある大学の近くには、ほぼ必ず大規模なホームセンターがある。日常的には、スーパーやドラックストアと同じく生活雑貨を買い求める安価で身近な小売店なのだが、都心部のホームセンターとは異なり、ベニヤ板がパレットで置かれていたり、木材が取り揃えられているなど、いわゆる施工業者も資材を買うような品揃えと商品点数があり、我々にとっては、さながらDIY遊園地のようなところだ。

研究室に所属するとまずはホームセンターツアーに出掛け、素材や工具類を学ぶ。制作が始まるとほぼ毎日のように通うため、ひとつの現場が終わるころには店内の見取り図がイメージできるようになるだけでなく、店舗ごとの取り扱いメーカーの違いも分かるぐらいの親密度を持つようになる。顔馴染みのスタッフもでき、相談にのってくれるところが心強く、研究室に工房がある

ホームセンター資材館

ようなイメージかもしれない。学生たちは、ここに通うようになることで扱える素材の種類が増えるだけでなく、加工する工具と施工も自ずと学び、金銭感覚も養われ、軽トラまでも運転できるようになる。

さらには建材コーナーに隣接する農業資材コーナーなどにも出入りするため、異分野での同等品やそれを用いた応用的な制作にも取組めるようになる。狭窄的ではなく横断的なホームセンター的視点は、プロジェクトにおいては我々の立ち位置を帰納的に捉えるため、進路を考える際などに経験的に生かせている。ともかく原寸大で試作や実験を繰り返しながら完成に近づく過程は、こういった地域特在の教育環境だと思う。

自分たちでつくれる環境

ソワソワした街

鹿児島に赴任したころは、芸術文化系の方に「自分たちでつくれる街です」とだけ教わった。いまになって思えば、なんと啓示的だったのかと思い知らされる。街に出ると自主運営イベントが多いことに気付かされる。調査したわけではなく、狭い範囲で開催されているからそう感じるのかもしれない。その中でも印象的なのは市民や任意団体が開催しているような類いで、街角の小さなマルシェから広場のフェスまで多彩なイベントが、実に多い。そし

駅前広場で開催されているグットネイバーズジャンボリー関連のイベント

ておしゃれで良く作り込まれている。

鹿児島中央駅のアミュ広場では、毎日のようにこの類いのイベントが開催されている。聞くところによると、積極的にイベントが開催されない日をつくらないようにしているのだという。企業広報としても街の特徴を利用している点が巧みだ。そのなかで定期的に開催されているのが、グッドネイバーズジャンボリーに関連する駅前イベントだ。毎年8月中旬に山間の川辺という街で、廃校を利用した屋外の音楽イベントなのだが、その雰囲気を街中にも届けるこの広場でのイベントでは、ツリーハウスを模した遊具や体験を再現するなど、実際のイベントとの関連を強調している。互いの目的と戦略が見事に合致した事例であるとともに、

発表の場にもなるイベント、鹿屋のマルクト

山間と街中という鹿児島の群島関係を表象するような特徴的なイベントだ。

甲突川という鹿児島市の中心街を貫く水辺の利用も盛んだ。自治体の管理する土地ということあり、行政イベントも多く開催されているが、小さなマーケットイベントも定期的に開催されている。リバーサイドマーケットというイベントでは、小さなキャンプ用のテントが川沿いに40張り程度並び、かわいらしい雑貨や食品を販売している。ご夫婦が主催し、この川沿いでは春秋開催で3年目、さらに慈眼寺という別のところでは年1回の開催ですでに11年目をむかえている。広報はフェイスブックとマップの配布のみだが、毎回多くの人が参加してることからも、小規模なイベントでも楽しむ環境があるようだ。

鹿屋では、マルクトというマーケットイベントが定期的に開催されている。こちらは街の有志が団体をつくり運営している。実店舗の出張参加が多いが、特徴的なのはこのイベントに合わせてグループを作り出店する方々がいることだ。マーケットイベントがモノの売り買いだけでなく、成果を発表する場にもなっており、イベントを一緒につくるという実感も得ることができる。地域づくりを見据えた柔軟さが用意されていることが印象的なイベントだ。

このような事例からも、誰かがやってくれるのを待つのではなく自ら始めたり、それを一緒に盛り上げようとするなど、ともするとソワソワした空気感が、充満している地域なのかもしれない。比較的小さな街に目を移しても同様に各種のイベントが開催されているようだ。集落や地区のいつものイベントに加えて、新たなものが開催されていることをSNSなどでも散見する。このひよこで溢れかえる箱のようなソワソワした状況からも、なるほど自分たちで街をつくっているということを実感する。

先輩のいる地域

街や地域をつくっていると実感できる機会が多いとともに、実際につくってしまう方々が多いのも、そんな環境だからかもしれない。我々も活動に参加させていただいている南九州市の頴娃（えい）町では、NPO頴娃おこそ会の活動を行政がしっかりとフォローする体制ができあがっている。市民の活動が先行し、そこに行政が枠組みを与えつつフォローしている格好で、聞けば彼らはまず「やってしまう」のだそうだ。行政にあの手この手を使ってやってくれと願う従来のあの姿ではなく、何と前向きで建設的な関係が形成されていることに驚嘆してしまう。当然ながらこのような活動は、地方行政を支えている他の組織も見ていて、ここからも応援が加わり瞬く間に頴娃町が、南薩地域の観光地に加わるとともに、地域づくりの先進的聖地になった。

今でこそエポックメイキングとして語られる一連の活動は、何も突然できたのではない。このＮＰＯ頴娃おこそ会の活動は、２００５年から始まっており、現在の活動に至るには、先輩方の取組みがしっかりとした土台になっている。この点を見逃してはいけない。

この組織には、地域に在住する商工会や観光協会の重鎮も名を連ね、まちの将来を憂いて活動を続けてきた。同じ志を持ちいろいろな背景や専門を持つ仲間を増やしながら、できる小さな取組みから始め、成功や失敗を数多く経験している。なによりもこの組織の「多様性の寛容」と「経験値の高さ」は、特筆すべきことなのではないだろうか。

また彼らは、次にどのようなプロジェクトに取組むのかを立案者が会議で全体に説明し、承認されると立案者自身が実行するプロジェクト制を採用している。会議ではその先輩たちからクリティークされる訳だが、先輩たちはこれまで実践してきた方々でもあるので、もっと力強く背中を押してくれるのだろう。その結果にいまの活躍がある。一足飛びにできるこ

頴娃おこそ会

とでもなければ、安易に真似ることなど到底できないだろうが、これから始める後輩にとっては学ぶことの多い経験的バックグラウンドだ。

ポストフォロワー

先輩だけでなく協働者が多いのも彼らの特徴だ。彼らに限らず地域的な活動や取り組みは、応援してくれる方々にも多く支えられている。大きく分けるとフォロワーとパートナーの2種類の方々がいる。前者は、Ｔｗｉｔｔｅｒ用語で発信者の発言をいつも見てくれている人を意味するが、後援者や気に掛けてくれている人と言い換えれられるかもしれない。後者は、ともに取組みを推進してくれる人で、プロジェクトに則した専門をもって部分を担うが、事業主体の組織には属さずアドバイザーなどともよばれる。私などは空き家関連を守備範囲として与えていただき、プロジェクトの実施だけでなくおこそ会の方々が成果などを発表する場などに参加させていただいている。

おこそ会は南薩地域に新たな観光地をつくることから始めたが、現在では観光地の管理や移住定住、空き家の再生など、その取組みは地域づくりに前線を拡大し発展している。この発展を支えているのが多くのポストフォロワーたちだ。情報をリツイートして拡散するフォロワーだけでなく、いろいろな情報が頴娃おこそ会にフィードバックされ、それが活用されている様子からも、もはや狭義のフォロワーではなく、良好なダイアログ的関係もあわせもつポストフォロワーに多く恵まれているのではないだろうか。この状況が県域を超えて存在するだけなく、いろいろな分野にいるのだとすると、これもまた心強いことだろう。

時間のかかること

地域的な小さな取組みが段階的に進行し、地域づくりとしてかたちが見えるようになるのは時間がかかる。おこそ会が10年かかっていることからも、少なくとも同じぐらいはかかるのではないだろうか。つい先日、平成28年度過疎地域自立活性化優良事例において総務大臣賞受賞を受賞した姶良市蒲生町のＬａｂ蒲生郷は、将来の地域の担い手となる地域の住人や青少年に、自然や文化、芸術を体感できる事業を実施して、人材育成とともにまちづくりの活動などに取組んでいる。地域を再発見するイベント「カモコレ」は、定期的に開催されており、学ぶ講座が多く開催され、この地域では定着したイベントであるとともに周囲からは実績のあるブランドとして認知されているようだ。彼らは２００９年からカモコレを開催しているが、その継続的な取組みが今年度評価された。

こういった取組みは、当然ながらひとりではなかなか進まない。時間をかけ少しづつ仲間を増やすなかで、雰囲気が醸成され住民それぞれの意識や気持ちが少しづつ変化し始める。きっかけは朝の掃除でもなんでも良い。やがて自治会に代わる組織を再編する段階や、地域外の人を招き入れるような、少し地域の外に開かれた運営を意識する段階にゆっくりと移行する。地域内で胎動的に機運を醸成するこの段階においては、未来に対する基礎を据えることが重要なので、やや内向きぐらいがちょうど良いと思う。外部の人間が無理に開こうとすると、積上げてきたことが空中分解する危険があるためだ。免疫のできていないところに先進的な「やり手」をよんだりするので、それは劇薬を与えるのに等しいのだ。行政も含め我々は、距離感を大切にして見守るか、見えないところを支える黒子に徹しなければならない。少し進んだ段階で必ず内発性が醸されると思うので、まずは手元の取組みを継続させることをお勧めしたい。

しかし以前と異なりそれほど寂しくはない。各地域が孤立するのではなく、他の地域で苦労されている方々と互いを応援するダイアログ的な関係が、ＳＮＳをはじめとして築かれて

地域を再発見するイベント、カモコレ

いるからだ。行政も横のつながりの形成に貢献している。助成するだけでなく、その後の取組みを互いに紹介し、交流を促す機会を設けるなど、実際的なＰＤＣＡサイクルが機能し始めているようだ。互いの取組みを視察したり、事業者参加から次の反省会開催を求める声が上がったりと、目論み以上のポストフォロアー関係が築かれている。この段階になると、互いを知ることで自ずとそれぞれの取組みが環境を含めて他とは同じではないことに気がつく。言い換えれば同じことをしても、自分の地域はよくならないことが改めて明確になり、個別性に向かう覚悟が決まるのだ。内発性により基礎が築かれ、外交によって個別性が獲得されると、そこにはすでに必要な組織ができている。

地域の伴走者としての大学

目的をはかる物差し

大学にいると地域からさまざまなお話をお聞きする。地域だけでなく事業者からも若い方の助力を求める声はなにかと多い。一方で過渡期にいる我々は、前述の通り大学でできることの可能性を探っている。このときに気をつけているのは、ボランティアや教育的効果というマジックワードだ。確かに若い学生にとっては、何をしても何かしら得るものはあるのかもしれない。しかし、これを盾に何をしても良い、言い方を換えれば「何をさせても良い」となると注意を要する。

最近散見されるのは、ボランティアや教育的効果を謳い、特定の個人や事業者の利益に帰することに学生たちが巻き込まれている例だ。地域づくりや空き家周辺では、作業することは「良い経験だよね」などと聞くことが多い。多くは教員を介さずに独自のコネクションで学生に声がかけられている。学生たちも違和感をおぼえるようだが、一方で首謀する大人も賢いので逃れるのはなかなかに困難で、ブラックバイトのようにまじめな学生ほど巻き込まれる。これは悪質だと思う。

しかし見方を変えると学生が社会と直接に関係をつくる好機でもある。教員というバイアスを介さずに自らの興味や関心で参加でき、ともすると就職活動の一環にもなるのだとすれば得がたい機会なのかもしれない。こういった誰もが参加しやすい「大仕事」という入口が設けやすいのは空き家周辺の特徴なのだろう。そのため、入学したての学生よりは、おそらく将来や就職を考え始める3、4年生や大学院生には向いているのかもしれない。学生の皆さんには、ぜひ注意して参加を検討していただきたい。

さてこれらの事例に感じる違和感は、その取組みの適性に共感できないからだと思う。我々は、良質な建築が生む空間の可能性を学んでいるのだから、空き家周辺の課題については、掃除をすることや大工仕事をすることが目的ではなく、地域の持続的なコミュニティ形成に資する空間に変えることを目的としたい。そのため掃除や大工仕事は、あくまで過程や手段として位置づけられなければ取組みにくい。良い経験になるよねの一言で片付けてはあまりに乱暴なのだ。

そのため学生が参加するような取組みには、目的だけでなく、「なるほどだからこれをするのか」といえる過程や手段に対する適性を考える余地が必要なのではないだろうか。私の研究室では、できるだけ学生と一緒に相手の話を聞くことにしている。彼ら彼女たちの見方はなかなかに厳しい。そもそも本当に必要なのかである。そうして紡ぎ出された目的と取組みの適性は、議論を経てそれなりの強度を持つようになるので、汎用性も高く長持ちもする。

単純作業から積極的な参加へ

例えば裏山の竹を伐採して欲しいという相談がきたとする。治山や環境保全においては、杉などと同様に竹も適度に間伐しなければならない。想像するにきっと我々はひたすらに竹を切るのだろうが、そこには学びもあるはずだ。建築の学生たちにこの内容に取組むか否かを相談しても、答えはおそらくノーだろう。単純な作業として理解された場合、アルバイトに淘汰されてしまうのだ。ボランティアサークルなどに相談がきた場合は別であろうが、ここで建築を学ぶ彼ら彼女らを振り向かせるには、その背景や意義、そして活動を通して彼らが得られることに対する共感が必要となる。ただ作業を手伝ってほしいでは、今日日どこの学生も振り向いてくれないだろう。

ではこれに経費がでるとなった場合はどうだろうか。現地に行くまでにも交通費などがかかるだろうから、経費がでること自体はありがたい。日当まででるのだと学生への訴求力は一気に高まるだろう。ただでさえ建築学生は学業が忙しく、アルバイトもできず生活が苦しい。しかしこの場合は、学びが背後にまわってしまうと竹切りアルバイトにすげ変わってしまう。つまり我々でなくとも他の誰かができることになるので、学生にアルバイトを紹介するという態になってしまうかもしれない。さらに経費の登場は、依頼者の立場も変える可能性がある。ボランティア的に互いを尊重するのではなく、上下関係が生まれる可能性を示唆する。こうなると竹切りはいつの間にか下請け作業になり、ますます我々とは縁遠いものになってしまう。

しかしここに共感し得る背景や意義のようなものが加わり、そして互いを尊重できる関係において取組みが検討された場合どうなるだろうか。おそらくそれぞれに目的を見出し、快く参加してくれる人も増えるのだと思う。ずいぶんと状況が前向きになってきた。

そしてここで忘れてならないのが、本来の目的である。我々の目的は良質な空間が持つ可能性の追求だ。間伐によって整備された竹林は、きっと清々しく気持ちのよい場所になっているのだろう。確かにそこには良質な空間が取り戻されている。しかしここで、伐採した竹で何かをつくれる可能性が示された場合、ようやく我々でなければできないことが現れる。

つまり同じ作業をする場合にも、目指す可能性への共感によって、我々の関わりが大きく異なることに気がつく。さらに一連の活動が、地域づくりや芸術祭などに着地する場合、学生が得られる成果はより一層大きくなるだろう。ここまで辿り着くと断る学生は皆無となり、自ら参加したいと名乗り出る学生が他大学からもあらわれ始める。

すこし乱暴な言い方になるが、作業内容や経費ではなく、取組みに対する共感と自らが提案しつくれる可能性、そして成果の着地点が、彼ら彼女らの物差しになるのではないかと思っている。

作業として捉えていたことを整理し、オプションを加えて見直したときに、地域の発展へとつながる素晴らしい取組みに見えてくるのではないだろうか。自分たちでつくれる環境とは、たとえ目的が達成されたとしても、取組みの適性が欠いていれば良い成果にはならない。

モノづくりを通したコトづくり

頴娃での3軒の空き家改修は、意図的に地域づくりを目論んでいる。改修作業を我々だけで取組むのではなく、いつ誰が来ても一緒に作業ができるように材料の選定から工夫している。誰もが扱える小さな材料のみを用い、簡単な作業を繰り返すことによって全体ができあがるように設計した。

塩やでは、再生紙と杉の小断面材、茶やでは薄いベニヤ板と防鳥テープ、ふたつやでは柱や梁の端材を採用した。

再生紙は、近隣の役所や小学校から排出されたシュレッダー屑を溶かして漉いたものだ。家庭用ミキサーにシュレッダー屑と水などをいれてかき混ぜ、これを和紙の紙すきの要領で漉きとるのだ。そして漉いたものを乾かして、木工用ボンドで既存壁に貼る。破損のみられる建具などにも貼り、室内装飾だけでなく、補強をかねて貼っている。ここでは、紙漉きと貼る作業のいずれも参加できるようにした。紙すきは、作業が容易なのでこどもから大人までが参加してくれた。

杉の小断面材は、通常は壁などの下地に用いられている材料だ。軽く取り回しが楽におこ

シュレッダー屑を用いた再生紙の紙すきワークショップ

なえるのが特徴だ。これをすのこ状にビスでとめて床や壁、天井を制作した。用いるビスの種類や張る場所を工夫することで、印象的な空間をつくることができる。天井などの高所については、脚立にのぼって作業するため、日頃からDIYの好きな方々が、自分のインパクトドリルを持参して作業してくれた。

茶やで用いた薄いベニヤは、ラワンベニヤで厚さは6mmのものを用いた。ホームセンターでも広く流通している一般的な材料で、破損した場合にも簡単に交換することができるため採用した。これをレーザーカッターで互いに差し込めるようにカットし、現場で組立てた。ちょうどホームセンターで売っている組立て家具をつくる程度の難易度で、ハンマー

木ブロックの積み上げ

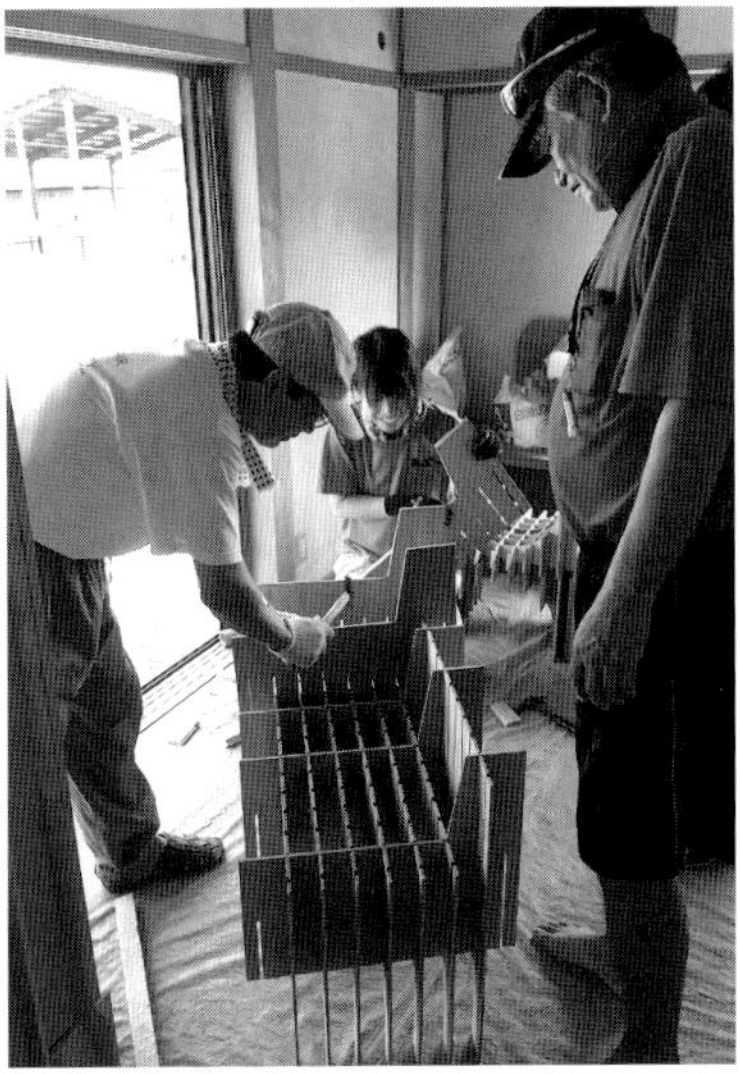
簡単に組立てられる家具

で叩きながら差し込んで組立てる。よく見ると差し込み口の角が落とされ、板が入りやすく設計されている。レーザーカットの機械をお借りした鹿児島工業技術センターのアドバイスだ。こちらは、高齢者の皆さんが中心になって組立ててくれた。

防鳥テープとは、田畑で鳥除けのために用いる銀色や金色のキラキラしたテープだ。茶やは、茶畑のまっただ中に建つのだが、遠くからも目に留まるシンボルとしたかったので、この防鳥テープを外壁の仕上げ材として用いた。屋外で使用する農業資材は、やはりとても丈夫にできている。また農作業では大量に使うため、単価が圧倒的に安いことが魅力だ。ただ、そのまま建築に用いると当然ながらうまくはいかない。試作ではテープをそのままタッカーで外壁にとめつけていたが、茶畑を吹き抜ける強風には耐えることができなかったため、テープに裏貼りをして用いている。これまでに鹿児島の猛烈な台風を数回経験しているが、いまのところ問題はなさそうだ。タッカーはいわば大きなホッチキスなので、これもまた容易に取付けることができる。

ふたつやで用いた端材は、木造住宅などの柱や梁を加工するプレカット工場で、切れ端としてでてくるさまざまな長さの木材だ。断面の大きさがある程度一定なので、ブロックに見立てて積上げた。これもひとつひとつはさほど重たくないので、扱いやすい。積上げる作業の様子は、さながら立体パズルゲームのようで、積上げる作業よりも組み合わせを考えるほうに時間を要した。

このように頴娃での空き家改修では、軽く扱いやすい材料を反復的に用いる方法を採用している。デザインも要素の反復によって全体の美しさが得られるように検討した。

職人さんなどの専門領域と思われる現場を広く一般に開くことは、モノづくりを通したコトづくり、ひいては地域づくりを意図することに他ならない。幸いなことに地域の子どもたちや地域外のフォロワーの方々まで、多くの方が参加してくれた。さらには頴娃高校の生徒が電気工事の一部を担うなど、文字通り皆で改修した空き家であり、体験を共有する触媒のような現場になった。

改修作業と平行してこの空き家のある石垣地区では、利活用を考えるワークショップも実施した。地域の魅力や問題点など、塩やを通して見えてくる地域の未来を皆で話し合う場だ。こういったワークショップは、すぐに活動などの成果が生まれるのではなく、未来を描くビジョンを共有することによって地域の基礎体力を養うものだと思っている。空き家改修がハードの片輪だとするならば、ビジョンを描く話し合いはもう片輪を為し、ようやく両輪となるのだと思う。

空き家の改修が地域づくりにつながるとするならば、竹の間伐もまた同様に地域づくりの端緒になりえる。つまり取組みの対象は、地域の皆さんが良く知っているモノであれば、おそらくすべてに可能性があり、過程やコトを丁寧にデザインすることによって、いずれも地域づくりに寄与できる。

専門家との協働

頴娃での取組みも含めこれらの両輪走行のほとんどは、私や研究室の学生だけで取組んではいない。むしろ我々の手には余るとさえいえる。我々ができることは、前述の通り良質な空間を志向することであり、対象はモノである物体や建築を扱うことが最も得意だと思う。そのためおこそ会と同じく、プロジェクトの規模が大きくなるに従いパートナーともいうべき専門家との協働が重要となる。

地域のなかで空き家改修のようなプロジェクトに取組む場合には、対象となるモノを環境のなかでどのように位置づけるかを話し合う場が必要となる。顗娃の場合は、利活用ワークショップがこれにあたるが、地域の未来に空き家も位置づけるこの過程には、中立に話し合いを導く水先案内人が必要になる。いわゆるファシリテーターとよばれる存在だ。

この役を当事者である地域の中の人や、私のようなモノを提案する側の人が担うと、誘導的になりバランスを欠いたビジョンに至る場合が多い。いわゆる箱もので終わってしまう事例は、ことごとくこの過程が軽視されているのだから当たり前だともいえる。

水先案内人は、自らが意思決定をするのではなく、あくまでバランスをとりながら活動を支援し、最良の未来を紡ぎ出すことに最善を尽くす。つまり先のワークショップは、住民とファシリテーターによって実施され、私は黒子としてコメントを挟む役に留まる。改修作業が実施されている間は、担う我々が主体になり得るが、改修後にはその主体が運営する住民に移ってゆく。このデリケートな主体移譲が円滑に進むかは、利活用ワークショップの良否に大きく関係する。

また地域の中から生まれた専門家も重要な協働者だ。地域内でプロジェクトが動き出すということは、自身や家族のこれからを真剣に考えることと同義である。参加している方々が、それぞれにできることに取組む中で、プロジェクトの進行において不可欠な部分を独学勉強し、役を担ってくれる方があらわれたりする。具体的には、行政や地域団体との折衝、各種メディアへの対応などで、地域住民だけでなく行政スタッフからもあらわれる場合がある。

こういった方々は、地域の未来において重要な役を担うのは明らかであり、コトをつくる過程を通して、彼ら彼女らに寄り添い背中を支えることが重要なのかもしれない。

こうした専門家と協力してプロジェクトに取組むのは、個人的な安堵をえるだけでなく、プロジェクトを多角的にとらえる機会が用意され、前述した目的の最適化は、同じ方向を見つつも、意見や立場の異なる方々との会話から、発展的な修正を加えて積上げられるのだと思う。つまり多様性をいかに寛容するかこそが最も重要だと考える。最初から最適な解が見えていることなどほとんどないのではないだろうか。当然ながら共に動いている学生たちも、複雑なまま理解しなければならないことも多い。しかしそれは数多ある上下の関係で理解することではなく、互いを尊重することによって初めて得られる豊かな複雑さだと思うので、私も含めてなかなかに得がたい機会だと思っている。

交点に立ち上げる建築教育

地域協働のカリキュラム化

本学で地域との協働をカリキュラム内で本格的に実施するには、もう少し時間が必要だと思う。前述した大学を取り巻く状況と大学組織がまだ追いついていないためだ。そのため現在は試行段階にあり、色々なことを試している。

カリキュラムとは、簡単にいえば教育の目的に合わせた教育内容の計画で、地域での活動を大学や学科の教育内容とするには、これに係る目的や方針も修正する必要がある。しかしながらそんなに簡単に教育の目的などは変えられない。建築学科は空き家改修など地域での活動と設計教育の関係が比較的イメージしやすい分野だが、学科によっては「地域で何ができるのか」というそもそものところで止まってしまう。工学部というまとまりでも協調しにくい。

本学の場合は、学風として学外との連携といったこと自体に免疫がなかったので、現在でも動きは決してスムーズではない。一方で学外からは相談が徐々に増えているという状況である。そのため地域貢献というボランティア的な選択科目を設けてひとまず対応することになった。この科目はインターンシップと同様に単位の認定条件にグレーゾーンが多いため、うまく機能しない印象がある。

そのため当初は、カリキュラムからは独立した課外活動として位置づけ、単位とは関係なく関心のある有志学生と取組んでいた。このような動きと平行して建築デザイン学科では、カリキュラムの見直しを実施した。入学者増を見込んだ新コースの設置と教員の退職にともなうものだ。

再編のなかで、設計演習科目群の中に各学生が課題を設定して取組むというプロジェクトベース型の科目を設けた。この演習は、小規模から中規模、プライベートからパブリックまでの設計演習を履修した3年生を対象として設けた。各自が取組む内容の適性を教員と話し合って進めるのだが、比較的課題の見つけやすいコンペティションへの応募やワークショップへの参加なども対象としている。また学外からの相談が、形になりはじめる後期に設けており、図面や模型のような特定の成果物ではなく、秋と冬に成果報告会でのプレゼンテーションを課している。

学生のほとんどは、コンペティションなどから課題設定を学び、研究室を中心に動いているプロジェクトにも参加しながら、自らの課題を見つけようとする。学内のトイレや学食などの環境改善を提案する学生などがあらわれ、その提案が翌々年度に実現されるなど、身近なところでも成果が見える演習となった。3年生後期に開講することで、4年生で取組む卒業研究の入口としても機能させていることも特徴だと思う。意匠に限らず構造などの他の分野でも課題発見・調査・提案がセットになっていれば良く、科目担当教員以外にも協力していただき取組んでいる。

この演習が安定するとともに、学生たちは自らが提案したものが実際にできあがる可能性を感じているようだ。それぞれの学年の設計演習のオプション課題として全国で賃貸マンションを運営する株式会社レオパレス21と取組んだワンルームマンションの室内改装プロジェクトでは、1年生の提案も選ばれ実現した。多くの学生にとって提案実現の実感を得る貴重な機会になったとともに、3年生の演習以外にも学外との連携やプロジェクトベース形式の導入の良い前例になった。

学生の提案が実現したワンルームマンションの改築プロジェクト

当初は有志学生とともに活動していたが、当時は活動の意義をすぐに理解してくれる学生はまだ多くなく、実働としては苦労をしていた。現在では状況がずいぶんと変わり、1年生が何か手伝えることはないかと研究室を訪ねてくるようになったのは、3年生の演習を待たずに自らが課題を見つけ取組むという姿勢が浸透しつつあることを実感する嬉しい例だ。

地域での活動をそれぞれの学年の演習で扱えるようになったことで、研究室で取組むことも比較的明確になってきた。演習の場合は開講時期が限られてしまうため、事前調整に時間を要するプロジェクトや長時間学生が携わらなければならないプロジェクトなどは取組むことが難しい。一方で、研究室で取組む場合は比較的柔軟に対応できるため、内容や目的の適正などを話し合う打合せでどちらで対応すると良いかを検討している。顯娃のような内容のプロジェクトについても研究室で取組んだ方が組立てやすい。しかしながら、プロジェクトの受入れ体制についてまだ模索しているというのが正しいだろう。学内では、プロジェクトごとにいろいろなレベルでの議論が続いている。決して後ろ向きな議論ではなく、関係者全員がそれぞれ最良の成果につながるようにと議論していることを付言する。ここに至るまでにすでに5年を要しているが、多様な要件をはかる一義的な基準はいまだ明快ではなく、本学に限れば最適な受入れフローを描くにもう少し時間がかかると思われる。

研究室でプロジェクト

顯娃も含め研究室でプロジェクトに取組む際の体制は、多くの卒業生たちの献身的な積み重ねによって現在の形に至っている。ここに記して改めて感謝しなければならない。最近では多くのプロジェクトが同時並行するため、私だけで管理することはほぼ不可能な状況にある。そのためチームでいうところのマネージャーを研究室に所属する学生から選任している。

マネージャーは、研究室全体のスケジュールとスタッフ、お金、渉外などを管理する。現場監督に似ているが、技術的なフォローは難しいのでマネージャーとよんでいる。またプロジェクトごとに担当する学生をもうけ、企画や設計、現場を管理してもらう。そのため、基本的にどのプロジェクトもマネージャーと担当、私の３人体制で取り組んでいる。４年生は就職活動や院試など、それぞれに忙しいので、各自の状況と適性を見ながらどのプロジェクトを担当するのかを話し合って決めている。進路や関心に近しい内容を担当してもらうことが多い。社会に出るまで高いモチベーションを持続させることを意図し、学生によって担当数や負担に偏りがでることもあるが、その際はマネージャーを中心に研究室全体でフォローをするようにしている。以前は、プロジェクトごとにマネージャーがマネージメントまでを含めたすべてをひとりで担当することもあったが、学生にとっては学ぶことが多い反面、負担が大きいので分業的な現在の体制に変わった。

プロジェクトの進行は、通常の設計事務所と似ている。先方の要望や状況を調査・ヒアリングし目的をできるだけシンプルに整理する。目的と取組みの適性、スケジュールやテクニカルな課題を学生だけでなく、学内でも調整し進めるか否かを決めている。この段階で対応が難しく、申し訳なくお断りするプロジェクトもある。

塩やプロジェクトでは、数人の方を経由して話がときどき、聞けば色々な経緯があるのだということで、初めてお話をお聞きする前から何となくやるだろうなという気持ちと、どうするとできるのかという戦略を内心に秘めていたことをここで初めて告白する。いまとなって思うと、この戦略的モチベーションがあったおかげで、実施までの道のりに横たわる課題を整理できたのかもしれない。

設計は、プロジェクト担当の学生と私で検討している。実務的なプロジェクトでは、私が経験的に判断できることも多いが、塩やのように極めて低予算なプロジェクトになると残念ながら経験がほとんど役に立たない。既知の建築的解決では、かえって何もできないのである。お金がなければ知恵を絞れとは誰の教えだったのかは覚えていないが、設計に加えて時間の許す限りひたすらに試作を繰り返して、ようやく形にしているというのが実態だ。

プロジェクトの担当は、計画が具体的になるにつれ忙しくなってくる。塩やで採用した再生紙のような材料開発や試作まではとても手が回らなくなるので、マネージャーがフォローできる学生を充てて進行させている。こういった場面で、マネージャーの交渉力や学生たちのチームワークにはいつも感心する。各自が担当を抱えつつ、別のプロジェクトをフォローするような相補的な関係でいまの体制が成り立っている。この背景には、学年のキャラクターがたまたま良い人材に恵まれたのではなく、前述のプロジェクトベース型演習の効果が表れてきていると思いたい。

現場にでると元気になる学生にも支えられている。いわゆるムードメーカー的であり、我々だけでなく地域の方々との交流にも積極的だったりする。ここでのムードメーカーとは、空気を読むことに長けているともいえ、マネージャーとともに現場では、各学生の様子を観察しているようだ。滞在が長くなると疲れもたまるが、こういったときの彼ら彼女らはまた心強い。さらには差し入れを持ってきてくださる年配の方々の話をしっかりと聞ける孝行タイプがいたりと、それぞれの学生がハマる適所に恵まれているのが不思議だ。地域コミュニティが比較的残っていたり、祖父母との同居や兄弟が多いなど、いわゆる鹿児島的なやさしい人柄を育てる環境に救われているのかもしれないが、研究室では見えてこない人柄に接することができるのも滞在制作の良いところだ。

一方で課題もまだある。各プロジェクトは、基本的に卒業研究とは独立している。私の研究室の卒業研究は、予め定められたテーマに取組むタイプではなく、各自の関心からテーマを立ち上げ、共通の方法論で研究するタイプだ。そのためプロジェクトに沿った内容の研究に取組めば、合理的でより深めることもできるのだが、大学院が設置されていないことも含め、プロジェクトと卒業研究の連動は簡単ではない。頴娃のように複数年に渡り取組んでいるプロジェクトでは、前年度の経験から関心をみつける学生もいるので、派生的テーマで卒業研究に取組んでいる。今後は研究として深めることに加えて、学生の負担を減らす意味でも、卒業研究とプロジェクトの連動をより進めることが必要だと思っている。まだ曖昧さを抱えながら取組んでいることは、反省であり今後の課題だ。

滞在してつくること

制作は、現場のある地域にできるだけ滞在するようにしている。地域の日常に寄り添い、その空気感をもって制作に取組みたいためだ。旅行でも同じ町に滞在する方を勧める方だ。

再生紙の試作

広場にマーケットがひらかれたりと1週間もいれば街の様子をおおよそ知ることができるが、旅行という非日常が自分の日常に変化してはじめて異文化の空気感を理解できると考えている。滞在制作ではもう一歩その地域に踏み込むことができる。路地裏で交わされる挨拶や魚屋さんでの立ち話、温泉で使い方を注意されるなど、長く滞在するほど、そこの日常に加わることができる。また順応の過程で鍛えられる適応力やある種の免疫力は、変化の多い時世においては有効に働くことから、滞在は良いトレーニングの場にもなっている。

　地理的にも予算的にも日毎通えない実情もあるが、「たくさんの学生がやって来て何かをする」という地域の期待感と非日常を最大限有効に活用する戦略的な意味もある。地域的な取組みにおいては、誰とプロジェクトを実施しているのかを知ってもらうことは、取組み全体の透明性を担保するとともに、共感や理解を得るためにも大切で、何気ない学生の姿が多くのことを伝えてくれるという。また、利活用住民ワークショップという話し合いの場だけでは伝えにくい空気感や、ワークショップに参加できない方々にも、滞在製作は取組みを伝えるメディアになってくれている。

滞在の期間的な限界は、1週間だろう。これを超えると学生にストレスがたまり始めるようだ。それなりの人数での共同生活は、実家やひとりで暮らす気ままな学生には負担も多い。学年が異なれば気を使うこともまた多いようで、様子を見ていると1週間ごとに一旦家に帰るのが理想的だ。いくらムードメーカーが頑張っても雰囲気は改善しないどころか、ムードメーカーも滅入ってくる。そのため1週間を超え長期間にわたる場合には、1週間滞在と帰宅を繰り返している。期間を区切ることはまた、スケジュールが分りやすくなるためか、アルバイトなどが調整しやすいようで、参加できる学生も増えるようだ。そして移動日が固定されるため、不要な送迎が減り経費的にも効率が良い。

地域の中の人に参加してもらう機会を設けるため、滞在には必ず土日を含めるようにしている。平日の昼間は、多くの方が働きにでているため不在にすることが多いが、学生たちが来て何かをしていることは知っている。そんな方々は週末にふらりと現場に寄ってくれる。こちらとしては作業の人手として参加して欲しいのではなく、現場や学生を通して、そこに描こうとしている未来を知っていただき、その機運に合流して欲しいと思っている。週末は地域のイベントも多いので、一緒に花火大会に行ってみたり、お祭りに参加したりと滞在していると制作以外もそれなりに忙しく楽しんでいる。そこに身を任せることが大事なのだと

いせえび祭で選び方を教わる

思う。

　作業工程においても、1週間あるとある程度まとまったことに取組むことができ、一定の達成感と成果が得られる。この達成感と成果を持ってかえってもらうことがとても重要だ。彼ら彼女らは、個別のプロジェクトのフォロワーではなく、研究室のフォロワーとして参加してくれる。そして自らが滞在して制作することを通して、地域やそこで暮らす人々を知る。そうして滞在を終えて帰るころには、いつの間にか地域や取組み全体のポストフォロワーにもなっているのである。一見些細なことに思えるが、実はこういう人材を増やすことが地域づくりにはとても大切なのだ。学生が来て滞在するというところだけを見れば旅行やスポーツ合宿と同じだが、交流が加わることで地域を応援する側の人に変わるのである。旅行で訪れるだけでは、なかなかここまで踏み込んだ関係にはなりにくいし、この関係は簡単にはつくれない。

　地域の外の人向けのワークショップを実施するにも週末は、良いタイミングだ。シュレッダー屑からつくる紙すきワークショップには、実に多くの方々が参加してくれた。このワークショップの目的も作業の人手確保よりも、むしろ一緒につくりあげる体験を通したポストフォロアーづくりだ。学生を含め、こうしたポストフォロアーは必ず再訪してくれる。家族や恋人を連れ、エピソードとともに自分の仕事を見せるのだ。それは単なるガイドツアーとはまったく異なり、追体験としての広がりが形成される。地道な体験型の積み重ねこそが、交流人口増だけではつくれないもうひとつの地域の基礎体力になってくれる。当然ながら研究室においても、積極的に関わってくれる学生が増えるので、こちらの意味でも大変心強い。

滞在制作における建築的学び

滞在制作には、人のあいだで経験する学びばかりではなく、建築教育的な学びも多分に意図されている。

期間の限られた現場は、制作のすべてをその場で実施することは難しい。塩やで用いた再生紙も、数千枚を現場で漉くのは不可能であり、そんなことをすればあまりに効率が悪いのだ。そのため、滞在前にある程度の数量をあらかじめ制作しておき、現場での作業の効率化を図っている。このような事前に部品などを準備する方法は、工期を短くするだけでなく品質安定させやすいというメリットがある。一方でこの方法を実施するためには、何枚必要なのかという数量のみならず、再生紙を製造する時間、現場で貼る時間など、部品の生産や現場作業の工程を合わせて検討する必要があり、高い計画性が求められる。

また前述の通り、我々の制作は、その過程を公開し参加を促すことで地域づくりに活用しようとしている。そのため誰もが扱いやすい材料を用いることと施工が簡単であることが重要なため、これらをデザインの前提条件としている。壁に再生紙を貼る作業は、貼る範囲が広いため比較的時間に余裕のある参加者向けで、建具などの小さな範囲に貼る場合は30分もあれば貼れるので、滞在時間が限られる参加者にちょうど良い作業ボリュームになる。施工も木工用ボンドを塗って貼るだけなので単純なのだが、隙間にはいる空気をスポンジやヘラを使って押し出しだす工夫が必要となり、貼る部分の形状によって難易度が異なる。杉角材は、隙間をあけて一定間隔でビスドメするのだが、電動工具や複数人での作業を求められるため、やや上級者向けのメニューになる。この制作ワークショップも一連の流れが周到に計画されており、作業性や作業時間に合わせてボンドの濃度やビスの間隔などをあらかじめ調整しているのだ。

これらは生産や施工における学びだが、一般的な建築材料を用いていないため設計段階と同様に知識によって理想的な計画を立てることができない。大学の講義で学んだ計画の模範的フローを指標に、参加者をイメージした試作と練習を繰り返す混沌のなかから、ようやくそれぞれの現場に合った最適な計画が見えてくる。こうした特殊解は、建築を成り立たせるさまざまな計画において「そもそも」という始原的な視点を求めることが多く、実践を通して講義の内容が対照されるため、座学で学ぶよりもさらに理解も進むのだと思う。

できることはまだたくさんある

ここまで塩やを事例に背景と取組みについてご紹介した。取組みについては、それぞれのプロジェクトの状況において最前を尽くしているつもりだが、指摘を待たずいまだ理想的とはいい難く、実験的であり過渡的であるといえる。他の大学や団体においては、より洗練された良い方法が各段階で実践されているのかもしれない。これらを対照し我々の取組みを見直すことは、引き続きの課題として真摯に取り組みたい。

一方で取組みを背景や環境と合わせて一体的に見たときに、どこでも適合する方程式のようなシステムは、導けないのではないかとも思っている。それぞれはあくまで個別的であり、特殊解なのだろう。すると各地域で進むこのようなプロジェクトは、そこにいる方々を含めた環境を横断的に理解することに努め、それぞれの状況に則した企画や計画の立案が肝要だと思う。効率という面では確かにあまり良くないかもしれないが、寄り添い共に考えることがなによりも地域の持続や発展につながる地域づくりの一助になるのではないだろうか。

各地域が同一ではなく個別的であるという視点は、我々に更なる可能性も与えてくれる。空き家に加えて商店や学校など、空きキャパシティの増加する昨今においては、統計的な数字ではなく、環境を合わせた空間として、捉えることにより、同じ方向をさすベクトルにも異なる経路が見えてくる。言い換えれば、誰もがいかなるモノもより良くすることができ、そこには環境が含まれているので、地域の未来をより良くするコトにもなりえるということだ。こうして取組まれるさまざまな分野がその垣根を超えて、相互に応援し、学び合う姿に明るい未来を感じてならない。

このような状況は、また、大学にいる我々にもヒントを与えてくれている。COC＋などのような制度改正の機運とともに、地域での取組みを教育の一部として位置づけることで、これまでとは異なるタイプの人材を社会に送ることができると思う。それは学生それぞれの新たな可能性を見つけることであり、ひとりでも多くの学生が、彼ら彼女らにとっての最良の進路を考える一助になると思う。組織としても、学内に留まらず広いパートナーシップを構築するところに多くの可能性を感じている。

こうして改めて見ると、悲観的に捉えがちな地方の状況ほど、我々を含めた多くの人にとって、できることがたくさん潜んでいるように思える。知恵を必要とする可能性に満ちた現場であり、暮らしの豊かさを見直す機会が多く用意されているのだと思う。まさに地方こそ、自分たちでつくれる環境なのだろう。

空き家とワークショップとまちづくり

市村 良平（市村整材）

空き家再生とまちづくり

顯娃町石垣商店街では空き家再生プロジェクトに伴う住民参加型のワークショップを行っている。住民が地域の課題を出し合いながら、空き家の活用方法について考えるワークショップだ。一般的な空き家再生のプロジェクトでは、スピーディな事業計画や所有者満足度の高い計画が求められ、このように時間のかかる手法を採ることはあまりないだろう。しかし、顯娃町の場合、このプロジェクトは「空き家を改修して使えるようにする」という単なる建物の再生を目的としたものではなく、観光に主眼を置いたまちづくりの一環として位置付けられている。そのため、プロジェクトが地域にとって有益なものとなるように、地域住民が関わりながら活用方法を検討し、その活動を受け入れる体制を地域で整えることが必要である。だからこそ、住民を巻き込む形でのワークショップを開催し、地域のビジョンを描

頴娃町で行ったワークショップの様子

きながら、地域にとって持続可能な空き家の活用を模索したのだ。

今日、「ワークショップ」という言葉は、ものづくりや演劇の体験、まちづくりや企業での議論の場など様々な領域で、かなり広い意味で使われている。では、本質的な意味でのワークショップとは一体なんだろうか？

ワークショップ（ｗｏｒｋｓｈｏｐ）の和訳は工房や作業場と訳される。働き方研究家の西村佳哲氏は、著書「かかわり方のまなび方」の中でワークショップの歴史を紐解きながら、本来の意味とは異なる場所にワークショップという言葉が与えられていることを、「ファクトリー（ｆａｃｔｏｒｙ）」という対立

ワークショップで成果を共有する参加者

的な言葉を出すことで、「ワークショップ（ｗｏｒｋｓｈｏｐ）」という言葉に込められた、本質的な意味を明確にしている。工場を意味する「ファクトリー（ｆａｃｔｏｒｙ）」は決まったモノを決まった材料を使って生産していく場であるが、工房を意味する「ワークショップ（ｗｏｒｋｓｈｏｐ）」は目の前にある材料と向き合いながら試行錯誤しながら作って行く場である。私は、西村氏のこの解釈に強く共感している。つまり、ワークショップとは目の前にあるものと向き合い、手探りで答えのないものを作っていく姿勢・行為を指すのではないだろうか。

改めて、頴娃町石垣商店街のワーク

ショップの事例を考えてみよう。住民は、空き家だけでなく、地域全体と向き合い、手探りで地域の本質的な課題を見つけ出していく。そして、その課題に対する解決策や予防策を考え、空き家に地域の新たなコンテンツの導入を検討している。地域と空き家再生を結びつけて、将来を見据えている。

ワークショップの進め方

ここで潁娃町でのワークショップをどのように進めて行ったのか簡単に紹介したい。ただ、私は現場の数だけワークショップの方法があると思っており、必勝法のようなやり方があるとは思っていない。地域にあったやり方を模索することが重要である。そのため、ここでの内容はあくまで参考程度に捉えてほしい。

①ワークショップの目的とルール

ワークショップでは、本題に入る前に、参加者がスムーズに話し合いを進められるように、その場の目的とグランドルールを設定する必要がある。まずは、全員に目的を意識させることが大切だ。参加者が何のために話し合っているのかを見失うと、話し合いはゴールを見失うことになる。そしてグランドルールは、誰もが発言しやすくするためのルールで、「積極的参加」や「他人の意見を否定しない」、「入退室自由」といった参加者へのお願いである。

時には「Ｌｉｓｔｅｎ（よく聞きましょう）」、「Ｏｐｅｎ（心を開きましょう）」、「Ｖｏｉｃｅ（思ったことは声に出しましょう）」、「Ｅｎｊｏｙ(この場を楽しみましょう)」の頭文字をとって「ＬＯＶＥの法則」などと冗談交じりにその場を進行する。ワークショップでは、参加者が話しやすいような場の空気感を作ることが求められる。

②前向き思考な議題設定

それでは、ワークショップの中身の話をしよう。当然のことながら、参加者が話し合う議題設定はとても重要となる。顗娃町では、最初に「地域のこれまでとこれから」という過去・現在・未来を振り返る時間を設けた。これは参加者がアイデア勝負ではなく、地に足をつけたアイデアが出せるようにするためだ。

ただし、この時に気をつけたいことがある。それは、住民が悲観的にならないように議題設定を行うことだ。そして、「今の課題はなんですか？」という直接的な問いかけではなく、「昔のほうがよかったことはなんですか？」「今の方がよくなったことは何ですか？」と問いかけをすることで、よかったことに目を向けながら、取り戻したい価値、残したい価値を浮き彫りにしていく。議題は常に未来志向で前向きに検討してもらえるように心がけることが大事だ。

③地域のビジョンを描く

住民には、肌感覚で「昔の方がよかったこと」、「今の方がよくなったこと」、「未来に向けて取り組みたい課題」、「ずっと残していきたい価値観」などを話し合ってもらった。その結果、課題の整理と取り組むべき課題の優先順位が明らかになり、「こういう地域であってほしい」というビジョンを描くことができた。

ビジョンはまちづくりにとって重要な要素のひとつである。当たり前のことではあるが、中山間地域ではリソース（ヒト・モノ・お金・時間）が限られている。そのため、課題を的確に整理し、効率よく効果的に取り組みを決めることが求められる。ビジョンはそのために必要なモノサシであるといえよう。

④取り組みの具体化

ビジョンができあがった次に議論することは、「期待すること」「やってみたいこと」など取り組みを具体化していくことである。頴娃町で言えば、空き家が再生した後の取り組みを検討することだ。ワークショップでは、参加者から数多くの意見が出され、大まかに「地域のことを伝える」、「地域のにぎわいをつくる」、「地域が稼ぐ・もてなす」といった3つのテーマにまとめられた。そして、参加者は各テーマに分かれて、取り組みの具体的なストーリーを起承転結がわかりやすい紙芝居の形式で検討した。

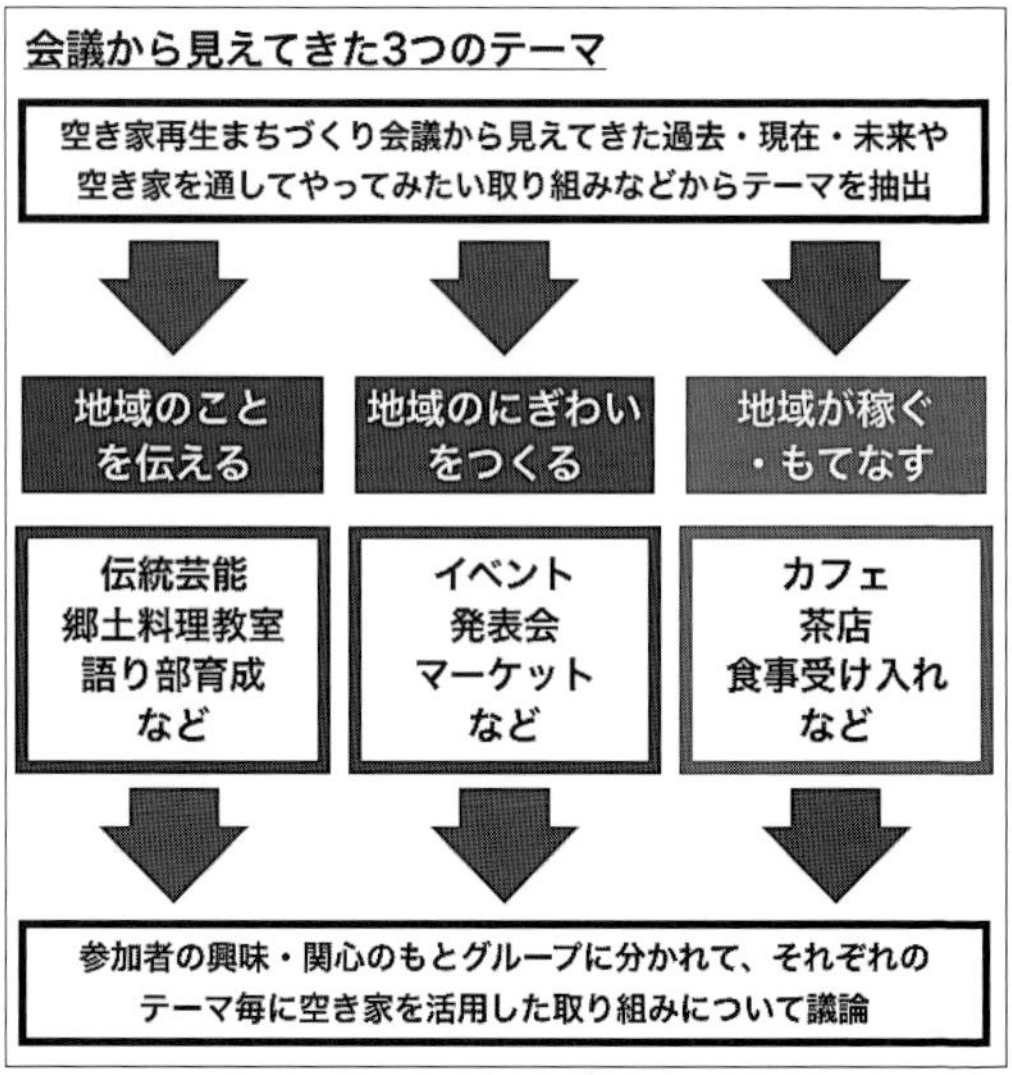

会議から見えてきた3つのテーマ
空き家再生まちづくり会議から見えてきた過去・現在・未来や
空き家を通してやってみたい取り組みなどからテーマを抽出
地域のこと
を伝える
地域のにぎわい
をつくる
地域が稼ぐ
・もてなす
伝統芸能
郷土料理教室
語り部育成
など
イベント
発表会
マーケット
など
カフェ
茶店
食事受け入れ
など
参加者の興味・関心のもとグループに分かれて、それぞれの
テーマ毎に空き家を活用した取り組みについて議論

会議から見えてきたテーマと具体的な取り組み

⑤プロジェクトとの距離感を考える

最後に取り組みの実現に向けて参加者ができることの検討を行った。「一人でできること」「協力があればできること」「地域全体でできること」を聞くことで、活動の規模感や関わり方を把握することができ、それぞれがプロジェクトに対して程よい距離感を考えることができる。運が良ければ、地域に眠っていた技術を顕在化させて、今後に生かすことにもつながる。

以上のように、頴娃町での空き家再生に向けたワークショップは進められた。

ワークショップの効能とは

頴娃町のワークショップでは、地域のビジョンや具体的な取り組みのほかに、最終的な成果物として、3つのストーリーが出来上がった。紙芝居でつくった希望的かつ簡易なストー

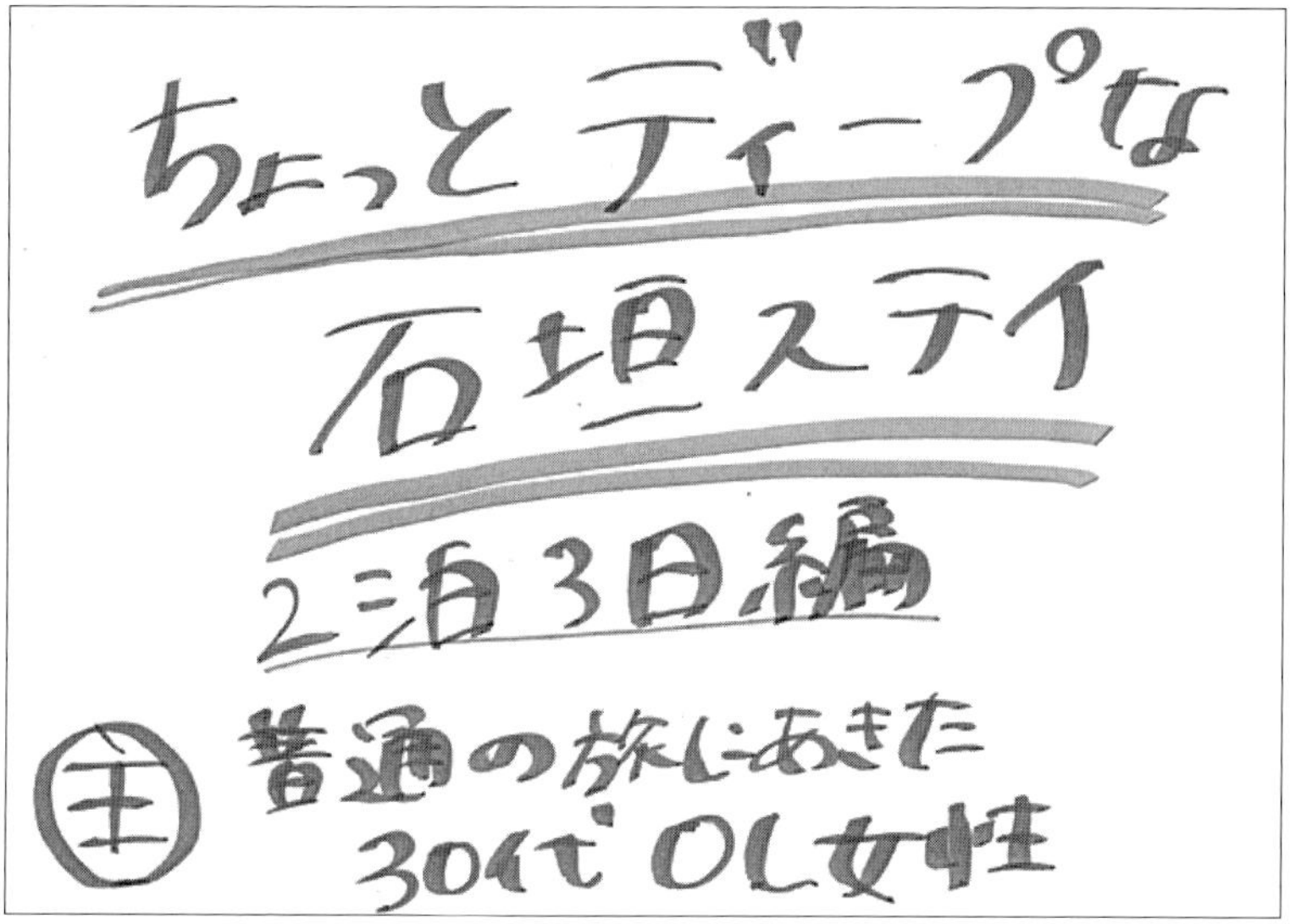

ワークショップの中でつくられた紙芝居

リーである。「地域の女性たちが空き家で郷土料理教室を開催する話」、「地域の子供達が空き家で成長していく話」、「空き家が集落の生活を体験する宿泊施設になる話」。前述した3つのテーマ「地域のことを伝える」、「地域のにぎわいをつくる」、「地域が稼ぐ・もてなす」から、参加者が思い思いに描いたストーリーだ。こういったストーリーは実効性を伴わないことが多いかもしれないが、作った人や聞いた人の想像力をふくらませると考えている。想像力は、提案された取り組みが未来のどこにつながるのかをイメージさせやすくする。地域住民が新しい取り組みを受け入れやすくなることにもつながる。

幸いなことに、頴娃町では描いたス

トーリーに近い動きがすでに行われつつある。空き家を活用した宿がスタートし、地域の女性部が視察受け入れの際に料理を振る舞っている。そして、率先して実施するプレイヤーでなくとも、プレイヤーを応援し、新しい取り組みを受け入れる寛容さが地域の人に備わってきているとも感じる。

ワークショップは着実に住民にまちづくりの意識を持たせ、そのプロジェクトに参加する姿勢を芽生えさせていく。最初は「聞く・知る」ことだけであった参加者が、「考える」、「要求する」、「加わる」、「支える」など少しずつ、かかわり方を大きくしていく。ワークショップの効能はこういう住民参加の好転にあるのではないだろうか。そう考える。

私はすべてのプロジェクトにワークショップが必要であるとは思わない。もっと効率良くスピーディにプロジェクトを進める方法は、無数にある。しかし、地域の住民の理解・協力を求めるのなら、ワークショップは有用な方法ではないだろうか。頴娃町のように、地域のビジョンと空き家再生を地域全体で考える時間を持つことは、地域の未来にとって、とても有意義だと思う。空き家再生プロジェクトがその地域に受け入れられることは、それが持続可能な取り組みになる第一歩となるだろう。そういった空気感が作れるのであれば、ワークショップは空き家再生にとって有効な手段と言えるかもしれない。

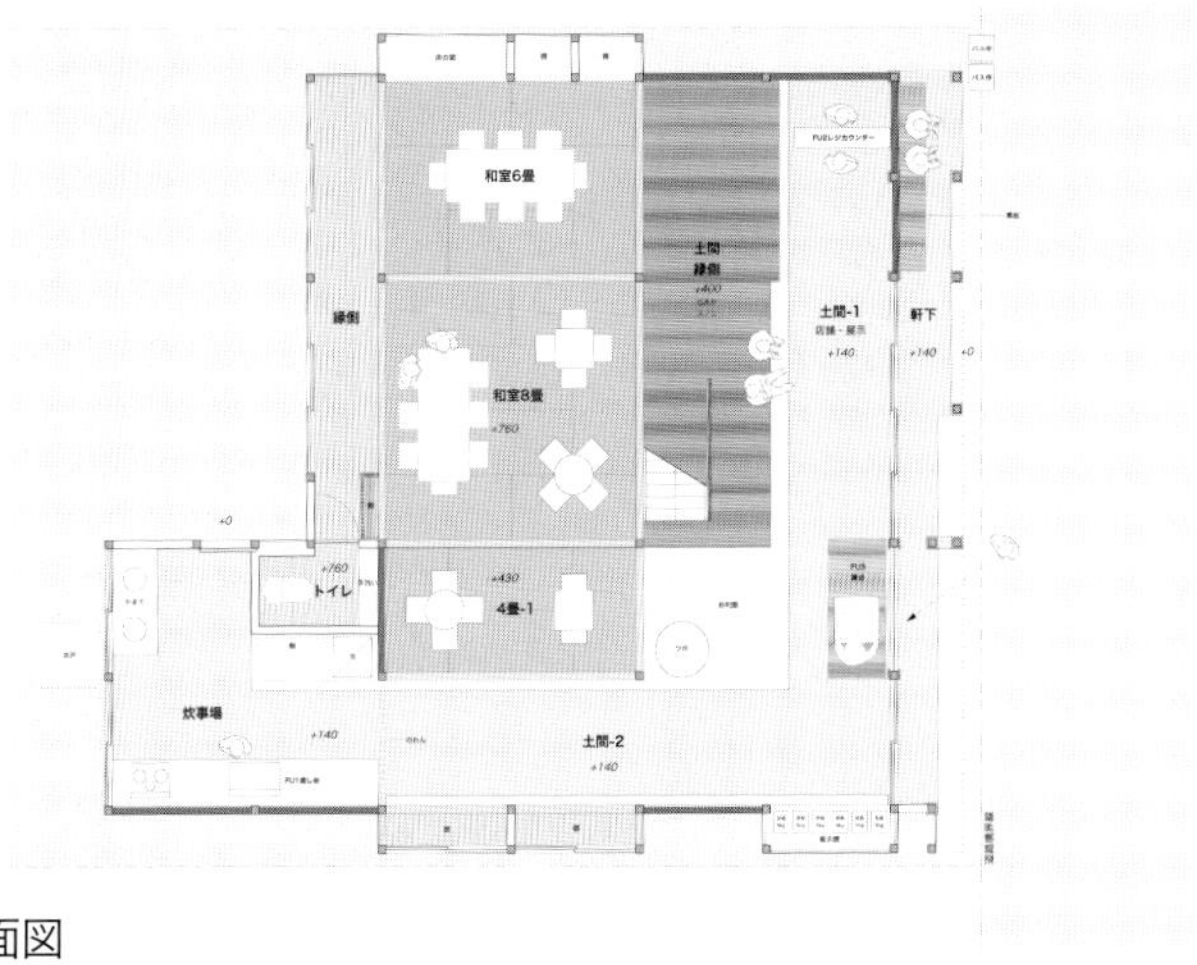
和室6畳
土間
縁側
土間-1
店舗・展示
+140
軒下
+140
+0
縁側
和室8畳
+760
+0
+760
トイレ
+430
4畳-1
炊事場
+140
土間-2
+140

塩や平面図

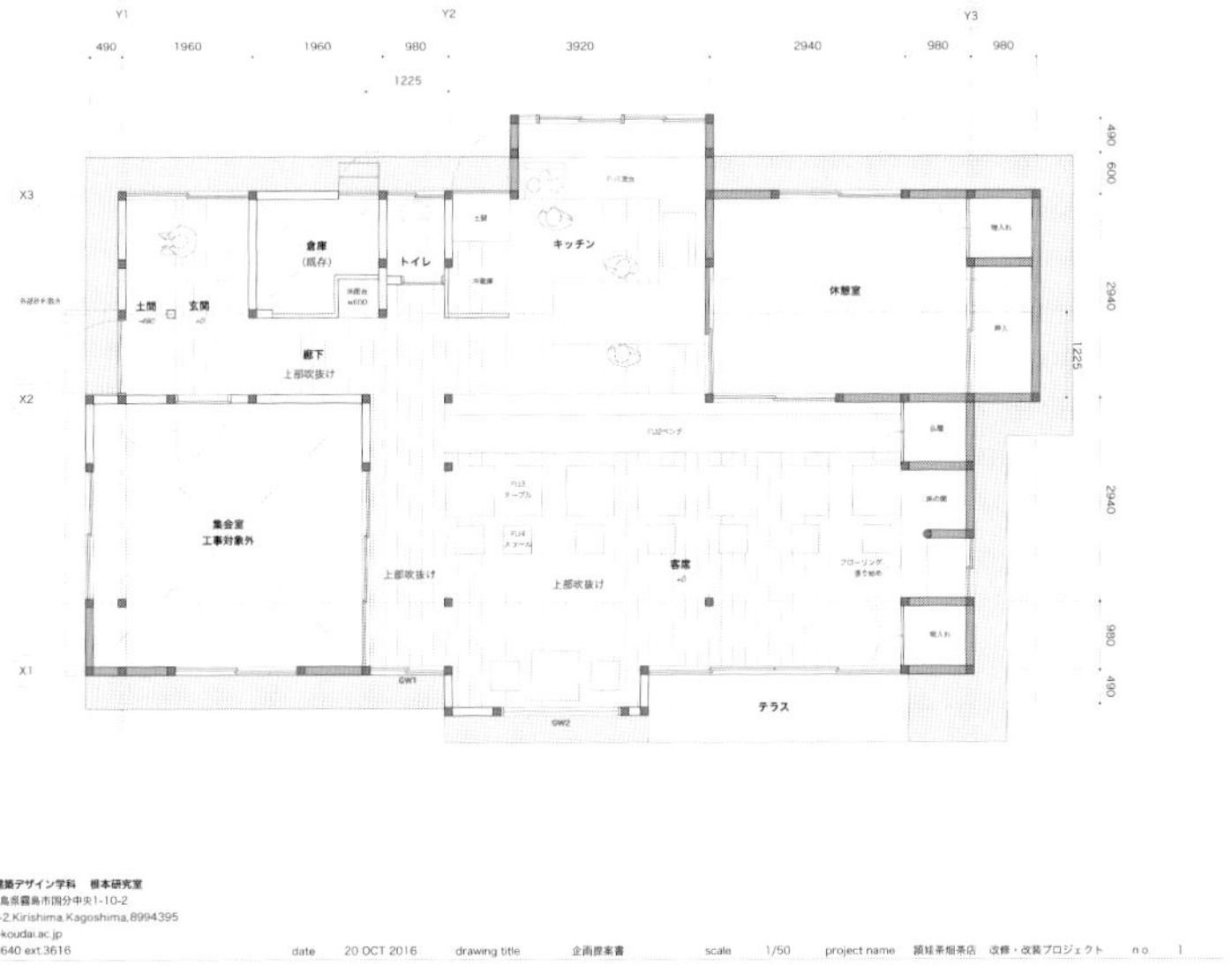
Y1
Y2
Y3
490
1960
1960
980
3920
2940
980
980
1225
X3
X2
X1
倉庫
(既存)
トイレ
キッチン
休憩室
土間
玄関
廊下
上部吹抜け
集会室
工事対象外
上部吹抜け
上部吹抜け
客席
+0
テラス
GW1
GW2
490
600
2940
1225
2940
980
490
第一工業大学工学部建築デザイン学科　根本研究室
〒899-4395　鹿児島県霧島市国分中央1-10-2
Kokubuncyuo1-10-2,Kirishima,Kagoshima,8994395
nemotolab@daiichi-koudai.ac.jp
tel +81(0)995-45-0640 ext.3616
date 20 OCT 2016 drawing title 企画提案書 scale 1/50 project name 頴娃茶畑茶店 改修・改装プロジェクト no. 1

茶や平面図

石垣商店街　空き家再生物語

～ＮＰＯが地域と取り組んだ空き家活用が生み出したもの～

――――加藤潤（頴娃おこそ会）

はじめに

二〇一六年九月四日。

南九州市頴娃町の石垣商店街には三十五人の学生が結集していた。ＮＰＯ法人頴娃おこそ会（以下おこそ会）のコーディネートのもとに、鹿児島からは霧島市の第一工業大学建築デザイン学科の学生と、東京からも共立女子大学建築デザイン学科の学生たちがやって来て合宿スタイルでここに泊まり込み、三軒の空き家改装の現場作業に携わったのだ。そして二泊三日の予定を終えた共立女子大学生が帰るのと入れ替わるかのように、今度は鹿児島大学経済学科の学生がやって来た。昨年度の合宿で第一工業大学生による空き家改修作業で誕生した空間で座学研修を行い、今年の作業で同様に第一工業大学生が床板を張り終えたばかりの二階の広間に宿泊し、そして今度は鹿児島大学生が別の家屋の内外装作業に勤しんだ。三週

2016年夏合宿に参加した学生

間泊まり込みで作業にあたった第一工業大学生を含め、総勢五十名が計四軒の空き家の改装作業に関わったことになる。私たちが石垣商店街の再生活動に乗り出してから数年。こんな日が来ることを誰が想像しただろうか？

頴娃において地域活動の一環として取り組んできた空き家再生活動の種は芽を出し育ち始め、そして今やまちづくりにとって欠かせぬプロジェクトとなりつつあるとの実感を覚える。二〇一六年九月までに、残念ながら解体となった一軒を含め計五軒と関わってきた石垣商店街を中心としたおこそ会による空き家再生活動を振り返るとともに、空き家問題の課題や対応策についても考察してみたいと思う。

地域課題としての空き家問題

二〇一四年に総務省が公表したデータによると、日本には六千万戸を超える住宅があり、このうち十三・五%の八二〇万戸が空き家だとされる。まぎれもなく人口減少、少子高齢化による副産物であり、人口減少傾向に歯止めが掛からない限りこれから空き家は増えることはあっても減ることはない。野村研究所は二〇一五年に作成したレポートで、このまま特段の対策が取られず推移すると、全国の空き家比率は二〇二三年には二一%、二〇三三年には三〇%に達すると予測している。もっとも南九州市の空き家比率はすでに二一%とされており、この地域の実態は日本の平均像にやや先行している。

さて、家主が不在となった物件は一言で空き家と括られるものの、その発生の背景も現状もまちまちである。空き家とは言え、実際には家財道具が長年に渡り放置されたままの物件も多く、文字通り空いた家にするためには、まずは人手を要しての清掃や搬出作業から取り組む必要がある。

空き家となった当初は使う予定もあり、盆や正月に親族が里帰りをした際には泊ることもあったただろう。いつかは親族が住むかもとの期待もある。しかしながら実際に使われない状態が長く続いた家屋はジワジワと傷み始める。換気がなされず湿気がこもり始めたと思うと、屋根や壁の隙間から風雨が吹き込んだりシロアリにやられたりし、さらに悪化が進むともはや空き家から廃屋になってしまう。
そこに至る前に他人に貸す決心がついたとしても、住める状態にするためには相応の補修が必要となる。満足な家賃設定が出来ない場合、補修費を家賃収入で補うことは困難となるが、それでもあえて費用をねん出して貸し出すのは家主の責務なのか？そんな経済的に割に合わない物件を仲介・管理する不動産業者はいるのだろうか？都会に移った家主が近隣の知人に管理を頼むにしても、出来ることには限りがある。また登記制度にも問題は多い。相続に際して登記をすれば一般的には二〇万円から五〇万円ほど必要となると言われるが、さしたる評価額がない家屋の相続にそこまで費用を掛ける合理性はあるのだろうか？放置することが経済的には最もまっとうな判断なのかもしれない。地方の空き家問題はもはや経済の論理では解決困難な課題なのである。

おこそ会では空き家を借り受け活用すべく家主との協議を行っているが、空き家発生の背景は多様である。行政による空き家活用の先進地として知られ、おこそ会がモデルとしている徳島県佐那河内村で空き家対策を担当している安富圭司氏は、家主が空き家となった家を貸せない理由を下記の通り挙げている。（二〇一六年九月に同氏を南九州市に招いて開催した空き家活用研修会の資料より抜粋）

●いつか使うという「幻想」●貸すことへの「不安」●周りからのイメージ「見栄」

●家財の整理整頓が「面倒」●仏壇やお墓の「対処」●地域との繋がり「配慮」
●契約で発生する「責任」●見えない「権利の束」●相続出来ていない「登記」

地域において空き家再生を進めるということは、こうした背景に寄り添う覚悟が必要ということである。借り受けようとする場合には、まずは家主との信頼関係の構築が不可欠であり、実際に借り受けに及ぶまで数年掛かることもある。そしてもちろん、借りた後の改装をどう進めるか、そしてどう維持管理し、活用を続けていくのかというハードルが待ち構えている。こうした経験を経て実績を積み、地域からの信頼を得ていくことで、ようやく二軒目、三軒目の活用に繋がっていくのである。

空き家再生に乗り出すまで

おこそ会ではこれまで計五軒の空き家再生に携わってきた。ただし、当初より空き家問題を地域課題と捉えて対応したわけではない。観光を通じたまちづくり活動に取り組む中で、ごく自然に商店街のにぎわい創出活動に関わるようになり、この一環として商店街の空き店舗の維持再生に関与するようになったという経緯である。よって空き家再生の本題に入る前に、まず簡単にこれまでのまちづくり活動の流れを振り返っておきたい。

番所鼻公園に設置された鐘

一、おこそ会結成から観光まちづくり活動へ

南九州市は二〇〇七年に知覧、川辺、頴娃の三町が合併して誕生した。この旧頴娃町域を基盤とする頴娃おこそ会は、二〇〇五年に人口減少と疲弊が進む地域において、進学や就職でいったん故郷を離れた子息が地元に戻ってこない状況を憂えた地域のメンバーが「誰もがいつまでも住みたいと思える地域を創る」ことを理念に設立した団体である。一言で言うと「Uターン・Iターン者を迎えうる魅力あるまち」とすることを目指している。当初は任意団体としてスタートしたが、二〇〇七年に信用力強化のためにNPO法人に改組した。

設立以後さまざまなまちづくり活動に取り組んできたが、転機となったのは二〇一〇年の番所鼻公園でのタツノオトシゴ観光養殖場の開設である。この施設の運営者である埼玉からIターンした兄弟が、おこそ会とともに観光を通じたまちづくり活動を押し進めることになった。まずはお膝元の番所鼻公園内におこそ会メンバーが手弁当で鐘の設置に動いたことをきっかけに公園に賑わいがもたらされ、こうした取り組みを支援するかたちで市役所や県庁が行政事業として番所鼻公園の整備に乗り出し、官民が連携した観光地化が進展した。その後この流れは、車で五分と隣接する釜蓋神社にも波及し、釜の蓋をかぶってのユニークな願掛けがメディアや観光冊子が取り上げるようになったこともあって、番所鼻・釜蓋を巡る周遊コースとしての認知が広がり来訪者増加につながった。それまで頴娃町外からの観光来訪者は数えるほどだったこの地域が、釜蓋神社で年間一五万人、番所鼻公園で七万人、タツノオトシゴハウスで四万人が訪れる観光地へと成長した。

二、観光と農業の連携と石垣商店街との関わり

釜蓋神社への来訪者が増えたものの、参拝を済ませると足早に頴娃を後にする来訪者が多かった。このため釜蓋神社で頴娃の散策マップを配布し、町内周遊を促そうという取り組みが始まった。しかしながら観光地でない頴娃には観光マップがなく観光業者もいなかったことから、農家や商店主、主婦といった観光とは縁がなかった幅広いメンバーを巻き込んだマッ

お茶体験ツアー

正月の釜蓋神社

プ編集チームが結成され、ここに観光と地域をつなぐ活動が始動した。こうした取り組みは農業地帯である大野岳との観光連携へと発展、大野岳周辺では若手茶農家グループによる茶寿会という団体が結成され、これを支援する形で大野岳でも市役所と県庁の手による景観整備事業として一〇八段の茶寿階段設置が実現するなど成果が表れ、観光客がジワジワと増え始めた。

　ここから派生する流れで、商店街にも観光の力をもたらすことを目指して始まったのが、石垣商店街賑わい創出プロジェクトであった。石垣商店街でも散策マップを作製したり、まち歩きガイドを行うようになったが、その際に商店街のシンボル的な存在として必ず取り上げていた建物の解体が近いという話を聞き付け、地域のメンバーが保存活動に動いたことが空き家再生との関わりの発端であった。

　世の中では空き家問題への対応という課題解決そのものから入ったり、商店街の空き店舗の有効活用自体を目的とする活動も多いが、おこそ会の場合は観光を起点としたま

解体前の一号物件

2015年夏 第一工業大学生との合宿

ちづくり活動の進展を通じ空き家再生にたどり着いたというかたちであり、空き家再生はあくまでもまちづくりの手段の一つという位置付けであった。

石垣商店街　空き家再生物語

一．失敗から始まった一号物件

おこそ会と空き家との関わりの原点である一号物件は、石垣商店街に建つ築一四〇年の空き店舗で、原田書店と呼ばれていた。昭和三十年代には百軒以上の店舗が軒を並べた地域随一の商店街の中心に位置し、漆喰の壁に覆われなんとも風情のあったこの建物を、私たちは商店街発信のために作成したマップにも掲載し、まち歩きガイドの際には欠かさず紹介していた。ところがこの一号物件が老朽化により解体も近いという話を聞き付け、なんとか保存がかなわないものかと家主に相談を持ち掛けたことが空き家再生活動への関与のきっかけであった。石垣商店街の老舗呉服店の四代目店主である原田弘志さんを筆頭に計三名でチームをつくり家主との交渉にあたった結果、いったんはこの物件をおこそ会に無償譲渡するという提案を受けるに至った。一見朗報ではあるのだが、実際には一号物件存続策をじっくり腰を据えて協議していきたいと考えていた三名は、突然もたらされたこの提案を即座に受け止める瞬発力を持ち合わせていなかった。明らかに想いが先行しており、家主事情への理解、具体的な提案、予算措置などが欠如していたのである。この一号物件の扱いを協議したおこそ会の総会は紛糾した。具体的な計画と財源の無さ、損壊リスクへの対策欠如、行政連携や補助金適用が図れるかもしれないという考えへの甘えなど、しごくまっとうな多数の反対意見を受けたが、三人は「それでもやる！」と半ば意地になって根拠なき反論を続けるばかりだった。とても全体で決をはかる雰囲気ではなく、おこそ会の理事が助け舟を出す。「おこそ会は地域の主体的な取り組みを支援するために立ち上げた組織であり、若手メンバーの想いがこもったプロジェクトは応援したい」「これ以上の決断は理事会に一任願い、理事会の責任で遂行する」と収めてくれたのだった。三名の石垣空き家再生チームの意志と覚悟が固まるとともに、これまでの観光地づくり活動と比べると今一つ掴みどころのない深みのあるプロジェクトへの傾倒が決まった一幕だった。

　とはいうもののこの石垣チームのやや身勝手な想いは、都会に住む家主には迷惑な存在だったのではないかと思う。その後さまざまなやりとりがあり、チームが期限や財源を明示

改装に入る前の二号物件

できない中で無償譲渡提案はいったん差し戻しとなり、家主との交渉は中断、最終的には家主が空き家問題への「責任」を果たすかたちで一号物件を解体することが決定した。おこそ会として初めての空き家再生への取り組みはほろ苦いスタートとなったのだった。

二、間髪入れずに始まった二号物件プロジェクト

一号物件が膠着状態にある中、おこそ会の副理事長の石元宏二さんより、その道路を挟んだ向かいにある空き家の再生に取り組んでみてはどうかとの提案があった。石垣チームがやや及び腰に生返事をしているうちに、石元さんは家主が住む大阪に飛んで交渉、あっという間に

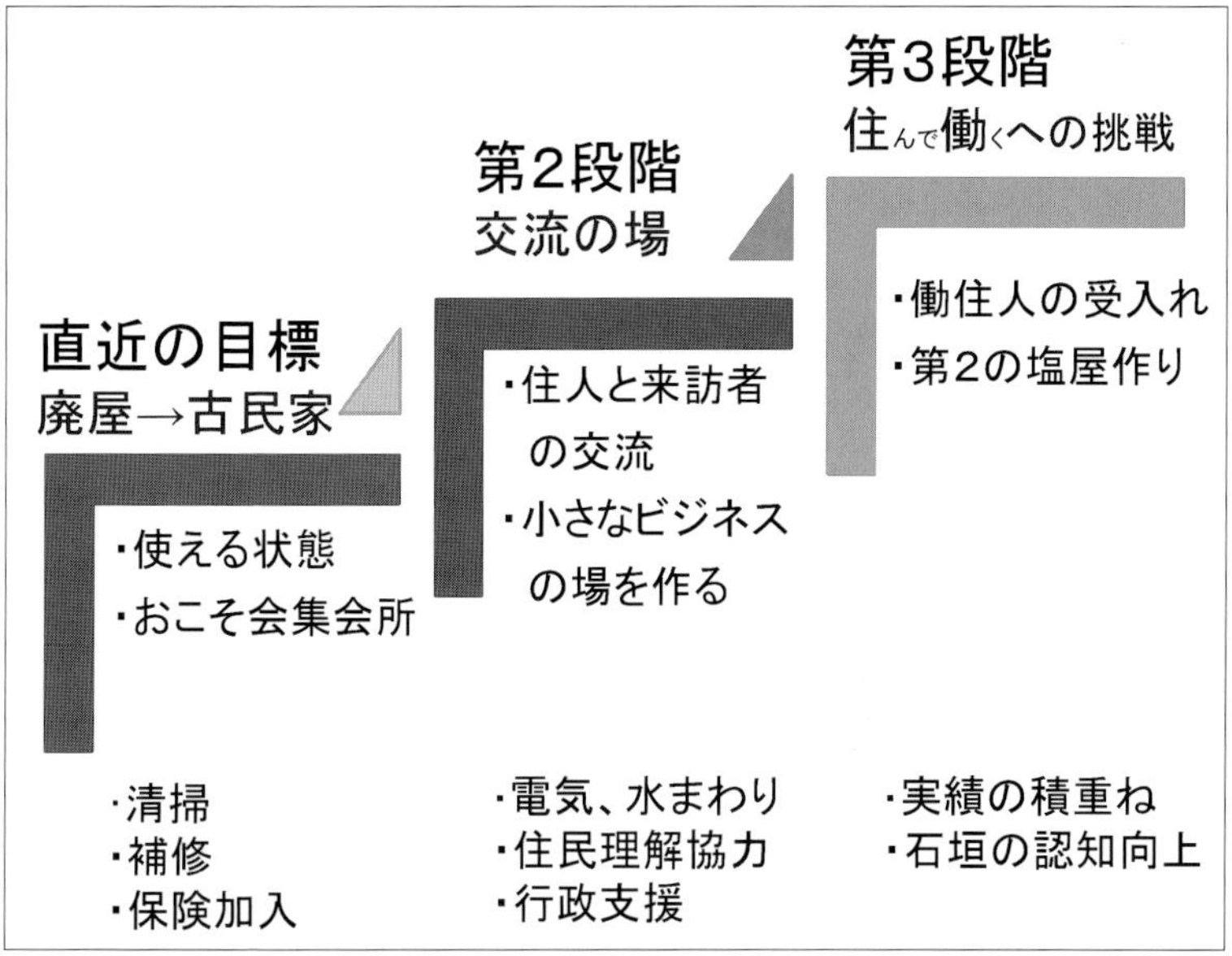

地元説明会で提示した二号物件の活用計画

了解を取り付けてきてしまった。一号物件であれだけ苦労した家主合意の取り付けが地域の先輩ネットワークと行動力であっけなく進展したのはびっくりだった。とはいえ、予算も空き家活用の明確な方針もない状況に変わりはなく、まず出来ることとして家屋内部の片付けから着手することとした。三〇年近く空き家状態だった二号物件の内部には、ほこりまみれの膨大な家財道具が放置された状態で、とても三名では手に負えず、おこそ会の先輩メンバーにも声を掛け七〜八回に及ぶ清掃、家財道具搬出、不要部材の撤去などを行った。また一号物件の教訓を踏まえ、二号物件においては家主との定期的な連絡を欠かさぬよう気を配るとともに、時には一緒に搬出作業を行ったりと、遠方の家主とも密なコミュニケーションを図るよう留意した。

ちょうどその頃、おこそ会のこれまでの地域活動全般が総務大臣賞の表彰を受け、この取材が二号物件の片付け作業日と重なったことから、受賞関連記事として空き家再生活動の写真が新聞に掲載となった。このためさしたる実績もない空き家再生活動への視察が増えるともに、地域住民からもこの事業に関する問い合わせを多数受けるようになった。説明の場が必要と感じたことから、片付け作業が一段落し、かろうじて内覧が可能となった二〇一五年三月に地元説明会を開催した。日中に現場内覧会、そして夕方からは近隣の公民館で開催した説明会に、合計すると三〇名近い方々が足を運び、叱咤激励のさまざまなお声を頂くこととなった。

三．第一工業大学との出会い

二〇一五年春、このプロジェクトにとって大きな転機となる出来事があった。霧島市にある第一工業大学建築デザイン学科根本研究室との出会いである。懇意にしていたある大学の先生の紹介が縁で第一工業大学に電話を入れたところ、担当教官の根本修平先生はフットワーク軽くさっそく石垣に飛んで来てくれた。物件を一通り見学した先生は「単なる古い家

二号物件での改装作業

ですね」と笑った。築百年を超える明治時代の物件とはいえ歴史的建造物という訳でもなく、物件そのものが価値を持つものではない。石垣チームも、石垣に賑わいをもたらすという活動方針以外には、まだ具体的な改装・活用策も、そして予算もないことを伝えた。「まあ、出来ることからしてみましょう」と予算もない中で、根本研究室と協働での空き家再生プロジェクトがいともあっさりと始動することになった。

財源を模索する中で東京の地域活性化センターに申請した補助金申請が採択となることが決まった。改装に廻せる金額は約百万円だった。なんとか使える状態とするまでにどの程度の改装が必要か、第一工業大学の学生さんたちが測量し、図面を起こし、改装イメージの模型を作成してくれた。頴娃はお茶のまちなので、和風テイストを活かした茶店風の改装というアイデアだった。石垣チームはそのプランがすっかり気に入ったが、予算は三百万円は必要とのことだった。その後さらに動いた結果、鹿児島県の木づかい事業からもほぼ同額の採択が決まった。これでも予算は不足するが、自ら出来る作業は石垣チームや学生が分担し、それでも足りない部分は時間を掛けて進めていくこととし、晴れて改装作業に入ることとなった。

二〇一五年の夏、第一工業大学の学生約一五名が夏休みを利用した合宿というかたちで地域に入り、石垣チームをはじめとする地元メンバーとの協働で作業に当たることとなった。学生の宿泊先は、石垣チームのリーダー原田弘志さんが汗をかき、公民館とお寺の宿坊を確保した。合宿の最中、市役所や県庁などから入手したシュレッダー屑を参加者が紙漉きし壁紙を作り、これを壁に張る参加型のワークショップを開催するなど、地域との交流にも努めた。共感した住民からは合宿所に多くの差し入れがもたらされるなど、大学がないまちでありながら、石垣商店街は賑やかな夏となった。

四．さらなる交流の広がり

元塩販売店だったことから、「塩や、」と呼ばれるようになった二号物件では、その後もさまざまな交流活動が展開することになった。主なものを下記に列挙する。

古民家マーケット

二〇一五年
八月　第一工業大学による作業スタート。地域メンバーや工務店と一緒に作業にあたる
八月　日南町油津商店街より木藤亮太さんを招いて「石垣まちづくり会議」開催
九月　Facebookでこのプロジェクトを知った姶良市の建具屋さんが作業に合流し建具製作、納品
九月　第一工業大学の第一期工事及び合宿完了。完成した一階広間で初の懇親会。学生と地域メンバーが　参加
九月　KTSが空き家再生の様子をテレビで放映。南日本新聞にも掲載
十月　第一工業大学が二期工事を実施
十月　東京からの若手社会人研修生が

頴娃来訪。初の研修会場となる
十一月　頴娃高校電気コースがプロジェクトに合流し、電気配線工事全般を担当
十一月　オーストラリアからの留学生二五名が来訪。商工会女性部がランチバイキングを提供
十二月ＫＴＳが二回目の放送
二〇一六年
二月　「古民家マーケット」イベント開催。五百人が来訪
三月　電気工事終了。頴娃高校、第一工業大学、市役所、地域住民を招いて点灯式＆謝恩会を開く。
合わせて「地域と学校の連携を考える会」を開催
四月　「一日だけの塩や、ＢＡＲ」イベント開催
五月　ＭＢＣが「ど〜んとかごしま」で放映。高田みづえ来訪
五月　「ベビーマッサージ教室」、「塩や、で朝ごはん」イベント開催
六月　鹿児島銀行が社員懇親会の会場に使用
六月　おこそ会が総会を初開催
七月　鹿児島県議団、九州経済産業局、総務省及び九州各県の地域づくり担当者など、視察相次ぐ

茶畑に囲まれた四号物件

八月　香港、及び東京から若者グループの視察研修来訪

そして九月には三大学が合宿を実施するに至ったのは冒頭で記載の通りである。

五．三号、四号物件への波及

二号物件での再生作業が進み始めたころ、おこそ会が新たなメンバーを迎えることが決まり、二〇一五年八月に福澤知香さんという二十代の女性が顥娃に移住することになった。せっかくなので石垣商店街周辺に住居を確保し、地域活動にも積極的に関わってもらおうと考えていたところ、二号物件の改装作業に協力してくれたおこそ会メンバーが、空き家を所有する知人との仲介役を務めてくれたことで、すんなり借りることが出来た。この三号物件は空き家になって間もなく状態も良好だったため、大きな補修は不要であり、内装作業や簡易な水回りの補修などを居住しながら進めている。

また石垣から車で一五分ほど離れた大野岳エリアでは、茶畑に囲まれた場所に建つ空き家を活かして、観光客受け入れ拠点に出来ないかという構想があった。この四号物件構想は、数年前から模索しつつもなかなか進展がなかったが、石垣での事例を家主に伝えることで理解が進み、借り受けることが出来た。二〇一五年十月にひとまず契約を交わし、まずは清掃や痛みつつあった床板の撤去など低予算で出来る範囲の活動からスタートした。二〇一六年には、おこそ会のプロジェクト全体に市の地方創生予算が付いたことから、四号物件もこれに組み入れ、第一工業大学との連携の下で夏合宿にて石垣との合同プロジェクトとして作業を行い、大きく改装が進んだ。

六．一、二号物件の目と鼻の先で始まった五号物件プロジェクト

五号物件は、一号物件との隣接地にあった空き家で、県外からこの家の管理を行っていた家主が二号物件の改装が進む様子を目にしたことをきっかけに話し合いが始まり、おこそ会が借り受けることになった。四号物件同様に夏の合宿に組み込む形で作業を進めた。建築時

に不要となった端材を積み上げるというユニークな手法で、広い間取りを切り分ける壁を設置した。移住希望者のお試しハウス的な活用や、顕娃にやって来た来訪者が気軽に集い泊まれるゲストハウス的な活用を模索している。

七．新たな移住者を迎えるためのさらなる物件ニーズ

三号物件に移住者がやって来たことが呼び水となり、昨今、国が力を入れている「地域おこし協力隊」として二名の若者が顕娃に移住することが決まった。彼らの住居が必要となることから、石垣でさらなる空き家を探し始めたところである。移住者には当初は五号物件にお試しハウス的に居住してもらいながら、自身で周辺に空き家を探し、家主交渉や改装作業に関わることを通じて、空き家改修プロセスを学んでもらうことを目指している。

空き家再生で私たちが留意したこと

一．賃貸か売買か

空き家活用を真剣かつ長い目線で考えるなら、本来は自身の物件として長期に渡り計画的な活用が可能な売買で行うべきである。しかしながら売買という選択は、家主にとって物件を手離すという重い決断を強いられこと、そして借主にとっても大きな資金負担と長期的に

活用する覚悟が問われることから、ハードルの高い決断である。そのためこれまでのおこそ会による空き家活用においては、資金負担が軽くハードルが低い賃貸を優先している。売買には登記や税負担も発することも賃貸を優先する理由となる。よって本稿で扱う空き家活用についても基本的には賃貸を前提としている。ただし、入り口では賃貸を選択した空き家活用においても、家主と借主が何を求めるかを常に確認しつつ、しかるべきタイミングで売買への移行を図るかどうかは、常々検討する必要がある。

二．契約

空き家の賃貸活用において難しいのが契約である。日本の通常の賃貸借契約では、借り受けた物件の改装を借主が行うことは一般的ではないため、契約には特有の条文を織り込むなどの配慮が必要である。おこそ会がこれまで扱ってきた物件においては、家主との契約主体、及び改装主体はおこそ会が担うものとした。その上で、①改装費用は借主側が負担する、②借主は借りる前の状態に戻す原状回復義務を負わない、の二点を基本とし、契約期間や家賃設定、その他付帯事項は物件や家主の状況と要望に合わせて個別設計する方式を採っている。利用者への転借を許容する条文も入れ、おこそ会から居住者に貸し出すことも可としている。家賃については、改修費用を借主が負担する事情を説明し、極力安価な設定となるよう協力を依頼している。

三．資金

「金は掛けず、知恵と汗は惜しまず」を基本方針とした。家賃相場が低く不動産業も成立しないような地域においては、物件を借りるだけなら極めて低コストで済む。例えば起業を考える際にこの資金的参入障壁の低さは都会ではあり得ないことであり、逆転の発想を持てば大きなメリットともいえる。

地方創生の時代において、地域での新たな取り組みは行政ニーズでもあり、行政と連携した事業を行う機会もあるはずである。ただし注意したいのは、行政資金に過度に依存しないこと、行政資金を前提に計画を組まないこと、拠出を受けるのであれば初期コストとランニングコストを明確に区分けすることである。仮に初期コストを頼っても、ランニングコストまでは依存しないことが肝要である。

なおおこそ会の事業においてもいくつかの行政財源を活用しており、参考までに二〜五号物件の改装で用いた事業を記しておく。（＊金額は行政予資金額。％は事業費全体のうち行政資金比率）

○地域活性化センター移住・定住・交流推進支援事業　百五十万円（百％。うち改装資金百二十万円）

○鹿児島県 かごしま木づかいモデル施設の整備事業　百二十万円（五〇％）

○鹿児島県共生協働センター　地域貢献サポート事業　五十万円（百％。うち改修ワークショップ
費用二十万円）
○地方創生加速化交付金（財源は国。実施主体は市）五百六十万円（百％）
ただし、前述の通り行政財源ありきで組んだ事業ではなく、空き家再生活動を展開していく中で採択となったものであることを申し添えておく。

四．改修作業

おこそ会がこれまで取り組んだ空き家においては、基本的には第一工業大学の協力のもとに、検査、測量、設計、見積もり、施工及び管理の一連の行程を取り進めてきた。資金的な課題から学生と地域との協働作業とした経緯もあったが、完成後に運営に関わる地域メンバーが作業工程に参加することで当事者意識が高まる効果があった。ただし作業に伴う地域側の負担も大きいことから、今後は地元工務店に発注を行いビジネスベースで進めるスタイルも取り入れていきたい。

五．目的

おこそ会が取り組んだ空き家再生活動は、観光まちづくりの一環として始まったもので、地域への賑わい創出、交流促進を目的としている。空き家再生はあくまでもこのための手段であり、現在のところ手掛ける空き家の選定においては、地域に交流をもたらす、移住や創業を呼び込むなど、おこそ会が進める活動に貢献する物件であることを優先している。

六．実施主体とチーム編成

住居や店舗を個人が入手し、個人として使用する空き家再生なら個人事業であるが、おこそ会が手掛けたのは、まちづくりを目的した空き家再生活動となるため、おこそ会の中に空き家再生のプロジェクトチームを編成し会の事業として実施した。なお金や組織の縛りが強制力を持つ事業ではないため、前述の五で触れた理念や目的をプロジェクトメンバーが共有することが重要となる。持続のためには会自体が独自の財源を持ち自立した活動が図れる組織であることが必要となる。

七．手掛けた空き家の名称

二号から五号物件までについては、次の通り命名している。

二号物件　「塩や、」　三号物件　「福のや、」

四号物件　「茶や、」　五号物件　「二つや、」

二号物件は元は「塩」の販売店だったこと、三号物件は福澤知香さんが開業を目指す民宿の家号として「福」の字を使い、四号物件は「茶」店としての活用を目指していることに由来する。五号物件は母屋と離れの二つの家から構成されていたため、これに「や」を付すスタイルを踏襲した。なお「家」の代わりの「や」は接続詞を意味し、顕娃での空き家再生がこの一軒で終わることなく物語として続くことを意味している。句点の「。」ではなく読点の「、」を付けることも同様に、これで終わりではないというメッセージを込めたものである。

空き家再生が地域にもたらしたもの　~地域交流の場づくり効果~

二号物件の「塩や、」の改装を手掛けたことが三~五号物件の活動につながったことは前述したが、その他にもこのプロジェクトをきっかけに多くの事象が誘発されたので、以下に列挙してみる。

一．研修や視察の受け入れ

空き家再生に力を入れている団体として、視察来訪が増えた。また東京からの地方暮らし体験を通じた研修プログラムの受け入れ先や、大学生の合宿先としての利用など、遠方から訪れるケースも生まれている。

二．食事提供

上述の研修や合宿が食事ニーズを伴うことから、地域の女性グループが食事を作り振舞ったり、商店街の店舗から弁当や総菜品の提供を行ったりすることで、観光対応や常設店設置に向けた実験の場を得たかたちとなった。

三．イベントの開催

「一日だけの塩や、バー」、「古民家マーケット」、「古民家で朝ごはん」、「ベビーマッサージ教室」など、各種のイベント開催の会場となった。バーを除いた他のイベントは、私たちの主催ではなく、外部から提案が持ち込まれ会場として提供しただけであるが、労力を掛けずに商店街や空き家活用の発信に繋がるありがたい事例である。

四．民宿の開設

一で触れた合宿や研修、三のイベント参加者からは宿泊したいとの要望も多数寄せられことから、三号物件に居住した福澤知香さんが宿泊提供実験を始め、その後正規の民宿許可を取得するまでに至った。

五．移住者や創業希望者の受け入れ

前述の通り、地域おこし協力隊員が顕娃に移住することが決まったり、石垣での活動を知り、おこそ会にＵＩターンや創業の相談を持ち掛ける者が現れている。

六．考察

これらの事例を踏まえて導き出されることを考えてみたい。

事例が示すのは、空き家再生活動は地域への新たな人の交流をもたらし、さらなる空き家再生や移住、創業の促進などを誘発する効果を持つという事実である。ただし空き家再生を行ったがゆえに地域活動が動き出したわけではなく、主体的な地域活動が動き出しつつあった地域において、空き家再生という強力なツールが加わったことで、拠点が生まれ人が集い交流を誘発したということである。

空き家再生そのものはいわゆる箱モノ・ハード事業である。箱モノは造れば終わりではなく、その後の運営の方がはるかに重要かつ難題となる。空き家再生においてもその肝は実はソフト事業にあることを認識し、家主折衝などの改装前と、そして再生した空き家の活用策など改装後とのソフト部分を見据えた上で、改装というハード部分を捉えることが大切である。

またここまでの空き家再生活動を通じて経験したことは、石垣商店街で想定の範疇を超えた事柄が発生し、そしてさまざまな案件が持ち込まれたことである。活動に取り組む前には、ここで県外からの研修生を受け入れたり、宿泊者が現れたり、外国人団体がバイキング料理を食べたり、三大学が同時期に合宿をするとは思いもよらなかった。今では、こちらがあれこれ企画するよりも、起こり得る何かを受け入れる備えをしつつ、たとえ想定外のことであっても素直に受けとめる度量を持つことが地域発展にはプラスと思えるようになった。「個人のキャリアの八割は予想しない偶発的なことによって決定される。その偶然を計画的に設計し、自分のキャリアを良いものにしていこう」というスタンフォード大学のジョン・クランボルト教授の「計画的偶発性理論」は有名だが、この理論が実際に起こり得るということをまちづくりの世界において、空き家再生の過程から学びつつある気がする。これまで衰退が進む一方だった石垣商店街において、ここで空き家再生に関わったメンバーの間で新しい何かが起こるかもしれないとの「期待感」を共有出来たことこそが、今後の地域の未来に向けた大きな成果なのかもしれない。

今後に向けた課題と進むべき道

これまではおこそ会が契約主体、かつ改装主体となることで石垣商店街を中心とする地域で重点的に空き家再生を手掛けてきた。さらなる広がりを生むためには、常におこそ会が主体となって動くのではなく、入居希望者と家主とのマッチングを下支えするような立場に立つ必要があるかと考える。おこそ会はコーディネート機能は果たすが、契約や改装の実務は入居者と家主の当事者同士で進める流れをシステム化することで、空き家再生が広がる展開に持っていきたい。行政にとっても空き家再生は重要な地域課題であるため、石垣でさらにいくつかの経験を蓄積することでシステムの磨き上げを図り、他地域でも活用可能な賃貸物件活用に向けた何らかの制度を市と協働で創設することを目指したい。

また空き家再生はあくまでもまちづくりの手段との認識から、今後は再生した空き家に移住した人材が地域に新たなビジネスを立ち上げたり、再生した空き家そのものがそうした拠点となるなど、空き家からの具体的なアウトプットが生み出されることをより強く意識していきたい。

地域にはまだまだ多くの空き家が存在するが、視点を変えれば空き家は地域に新たな変化をもたらす資源なのだと思う。空き家再生活動はこうした資源を活かすか否かが問われるまちづくりの試金石であると認識しつつ、これからも積極的な活動を展開していきたい。

富山県南砺市城端地区

城端生き活きプロジェクト

古川泰司（一級建築士）

「掃除ですわ」

「じょうはな庵（いおり）」で松平（まつひら）さんは言った。

「とにかく掃除をするんですわ」

空き家をお借りするときに、借りた時よりも綺麗にしてお返ししたら良い。空き家が掃除でみるみる蘇る様子を持ち主さんが見ると感動されるのだそうだ。持ち主からしてみると、貸し甲斐があるというものだ。放ったらかしだった自分の家が掃除で綺麗に蘇る事で、惚れ直す、自分の家の価値を改めて知ることになるにちがいない。

2016年4月に取材にうかがった時の話である。

富山県の南西に位置する城端（じょうはな）地域は、真宗大谷派の寺院「善徳寺」が1559年にこの地域に移ってきたことをきっかけとして1573年に城端町として開町し

２００４年の合併で南砺市となった歴史のある地域である。

一方、城端町にはアニメーション制作会社Ｐ．Ａ．ＷＯＲＫＳ（ピーエーワークス）の本社スタジオがあり、製作するアニメに登場する地形や建造物は城端地域のものが使われることが多い。中でも『ｔｒｕｅ ｔｅａｒｓ』（２００８年）の街並みは城端町が舞台となっているため、アニメのモデルになった場所への巡礼に城端町を訪問するファンも多い。

高岡駅（あいの風とやま鉄道・JR西日本・万葉線の駅）から城端線でディーゼル機関車に乗り、砺波平野の水田地帯を小一時間揺られて終点の城端駅にたどり着く。

城端地域は、城端駅前から南へのびるメインストリートの国道３０４号線を中心に広がる旧市街地とその周辺のエリアで構成されている。旧市街地はかつての絹織物で栄えた頃の面影を残し、越中の小京都と呼ばれる風情を持った町並みが残っている。明治期には大きな織機工場もあった。現在は、江戸時代の古き民家と近代の洋館が混在して現存する貴重な町並みが残っており、地形的には、２本の川に挟まれた台地の上と下に集落が形成され、ビューポイントになる坂道が各所に点在している。

古い民家が程よいエリアの中に残っていて起伏のある地形で楽しい街歩きができる。(P181参照)

もともと、城端地域は富山から岐阜に通じる交通の要所として江戸から明治にかけて栄えた場所であったが、現在は、国道304号線をそのまま南下すると世界遺産に登録されている白川郷へ通じるため、観光の入り口として重要な位置になった。

城端を語る時に忘れてはいけないのはお祭りで、江戸時代から今に続く「城端曳山祭（じょうはなひきやままつり）」「城端むぎや祭」は有名で、特に「曳山祭」は歴史ある城端の町並みを背景に独特の風情を持ち、よそのお祭りとは一線を画した魅力を持っている。

ここで、「曳山祭」について少し詳しく触れておこう。

正式名「城端曳山祭（じょうはなひきやままつり）」は毎年5月5日に行われる。歴史は古く江戸時代中期より続く城端神明宮の春季祭礼である。前日の5月4日夜には宵祭が行われる。かつては5月15日に行われていたが、祭礼を執り行う人手確保のため2006年（平成18年）よりゴールデンウィーク中の現在の日程となった。

獅子舞、剣鉾、8本の傘鉾、四神旗、4基の神輿、6基の庵屋台（いおりやたい）、高さが6mはある「ぎゅう山」といわれる6基の曳山が、越中の小京都と言われる城端の旧市街を静かに厳かに曳き回される。そして、そこに他の地域のお祭にはない「庵唄（いおりうた）」が加わる。あとでも触れる通り、若連中といわれる囃子方・唄方が庵屋台の中に入り、各所望所（しょもうしょ）にて江戸情緒溢れる庵唄を披露するのだ。夜には提灯山となり旧市街の夜をほのかに灯しながら練り歩く姿は幽玄な美しさをたたえ夜遅くまで賑わう。

1981年（昭和56年）1月22日、県の無形民俗文化財に指定され、その後2002年（平成14年）2月12日には今日まで江戸時代からの古い祭礼形式が継承されていることが評価され、「城端神明宮祭の曳山行事」として国の重要無形民俗文化財に指定された。2006年（平成18年）には、「とやまの文化財百選（とやまの祭り百選部門）」に選定されている。また2016年には、ユネスコ無形文化遺産「山・鉾・屋台行事」のひとつとしてて決議されている。

ぎゅう山と呼ばれる屋台は背も6mと高く華やかな姿をしていて全国的にも素晴らしいものであるが、何と言っても城端曳山祭を特徴付けているのは、6基の曳山と対になって街なかを曳き廻される庵屋台（高さ3mほど）であり、この庵屋台がさきに触れた庵唄の舞台となる。

この庵屋台は日本全国にあった「茶屋」を模して作ったと言われる精巧なミニチュアになっており、その細工の見事さは圧巻である。お茶屋のミニチュアの下には、すだれで人を隠して乗せる台が仕込まれていて、そこに庵唄を歌う若連中が乗りこみ、庵唄を歌いながら街を練り歩く。

「庵唄は江戸時代の端唄を元とし現在数十曲が伝承されており、城端の先人達が江戸から持ち帰った端唄や替え歌、小唄調なども採り入れながら江戸の粋な文化に浸ったという遊び心あふれる文化が、現在まで継承されているものである。※」なんともしっとりとした風情を持つものである。その唄の醸し出す静々とした雰囲気が他の地域の曳山祭とは大きく違うところとなり、他にはない魅力となっているのだ。

「囃子には横笛、三味線、太鼓が用いられる。また庵唄・囃子を受け持つ若衆を若連中という各町内ごとに会（連）名があり、毎年寒稽古、本稽古をへて祭礼当日紋付袴姿の若連中が、庵屋台の中で庵唄や曳山囃子を奏でる。※」若連中は20代から30代の青年男子の役割であり、紋付袴のイケメン男子がツヤ歌を歌う姿にファンも多い。

２０１５年（平成27年）４月には、南砺市の各祭礼で庵屋台を持ち、庵唄を継承している

4団体が集まり、地方、謡い手の技術向上・育成、継承保存を目的に、「南砺市庵唄伝承保存活動協議会」を立ち上げた。また南砺市も支援のため補助金を交付している。※」

また、城端曳山祭では、庵唄の所望（所望所）といい、「各家で親戚・知人などを招待し祝儀を出して庵唄の所望をすると、各町の庵屋台と曳山が順番に所望した家の前に止まり庵唄を披露する。一般観光客もその様子を見聞きする事ができるほか、観光客用に城端曳山会館横（駐車場）には予約席（有料）・自由席（無料）の特設の所望所が設けられ、午後２時頃と午後８時30分頃に庵屋台と曳山がやって来て座って聴くこともできる。※」（以上※＝Wikipediaより）

このために、城端の旧市街地にある町家は道路に対して全面開放できるお座敷を設けた作りが多く、それはつまり年に一度、庵唄を聴くために作られた部屋である。祭りのとき以外は格子戸がはめられるが、通りに面した格子がつくるファサードは街の風情を支える要でもある。（P182,P194,P195参照）

先にもふれたが、城端曳山祭は夜になると、庵屋と曳山の提灯の明かりで小京都と称せられる旧市街がほんのりと照らされるこのお祭りの一番の盛り上がりで、それは午後10時過ぎてから夜半にかけてである。しかし、城端線の高岡行最終は22時27分（２０１６年10月現在）。

そして、城端には旅館がない。城端に住む人以外はこのお祭りの一番の風情ある様子を心底楽しむことがままならないのである。また早朝の佇まいも魅力的な風景であり、そうした夜半と早朝の様子が多くの人にふれられないのは、城端の魅力を多くの人に伝えてゆくにはとても残念なことである。

そこで、この街の魅力である城端曳山祭を一人でも多くの人に心底楽しんで欲しいと空き家の活用に目が向けられたのである。

2015年5月に発足した、「一般社団法人城端景観・文化保全機構」が空き家対策とその活用の運営事務局となるが、その設立までの道程をお聞きした。

そもそもは、社団法人の理事も務められる主要メンバーの一人である山口誠さんが、2005年に「全国町並みゼミ」や、西村幸夫さんが北陸三県で主催する「町並み塾」に参加して、各地での試みに刺激を受けたことがきっかけとなり、城端でも何かできないかと考え始めた。そして、2010年から本格的な活動を始めることになる。

まずは、2010年の曳山祭に作家の森まゆみさんと鳥取大学の家中茂准教授を城端曳山祭にお招きした。続いて、２０１２年に西村先生と京町家再生研究会事務局長の小島富佐江さん、２０１３年には粋なまちづくり副理事長の日置圭子さんのグループ８名に来ていただく。

２０１４年からは日置さんグループが多数来られるようになり、この年の１１月に「神楽坂まち舞台 大江戸めぐり」に庵唄の若連中がゲストとして出演してからは倍々と参加者が増え、あとでもふれるが、今年（２０１６年）の曳山祭は６４名の方に曳山祭を楽しんでいただくことになった。また、２０１４年の曳山祭には北海道大学観光学高等研究センター特任教授の小林英俊さん（前ＪＴＢＦ常務理事）ご夫妻とフランスの季刊誌「プラネット・ジャポン」記者のイザベルさんが３泊４日で取材をされ、秋号に城端曳山祭の特集記事を掲載されることになった。

このように、全国の人達とのネットワークができ、そうしたつながりの中で、城端の魅力を伝えてゆく活動が本格化してゆく。

城端曳山祭の魅力は序々に口コミで伝わった。とくに先程も触れた「町並み塾」で山口さんが知り合いになった東京の神楽坂の方々との出会いは大きく、城端に行ってみたいという方が増えた。それは、神楽坂のお祭りに城端の庵唄の若連中がゲストで参加し、その風情ある姿を県外の多くの人の目に焼き付けたからである。

しかし、県外から曳山祭を見たいという方が増えれば増えるほど、城端市内には宿泊施設がないことが問題になってくる。そこで、城端地区にも増えてきている普段使われていない空き家を使わせてもらいゲストハウスとして使えないかというアイデアがでたのである。

曳山祭に県外のゲストを一人でも多くお招きするために城端を愛する三人の男が集まった。

三人の男とは、山口誠、松平保夫、山下茂樹である。

松平保夫　じょうはな庵代表。　北陸電力を退職後、２０１１年より城端公民館長。長年、城端曳山祭に携わる。庵唄の所望宿を維持するため、２０１２年に住民有志3名で旧中谷家住宅（現・じょうはな庵）を購入。じょうはな庵は伝統芸能の継承とまちづくりの拠点として活用されている。２０１５年から一般社団法人城端景観・文化保全機構の代表理事。

山下茂樹　城端曳山会館館長、城端自治振興会教育文化班長
一般社団法人城端景観・文化保全機構理事
城端曳山会館長として6か町との調整や空き家再生に取り組む。

山口　誠　一般社団法人城端景観・文化保全機構理事
印刷会社に勤務しながら、まちづくりや空き家再生に関わる。

全国のどの地域も同じ問題を抱えていると思うが、空き家はあれども所有者の許可が取れずになかなか使わせてもらうことにならない。その理由はいくつかあるが、空き家といえども先祖代々引き継いだ家を所有者は手放す決心がつかず、貸すとしても、どこの誰かわからない人に使われるのを嫌う心理が働くからである。また、お正月とお盆に集まる親戚のためにあけておかないといけないということも理由としてよく聞く。

城端地区も同じで、当初は空き家を使わせてほしいとお願いに行っても門前払いされることが多かったという。

実際に貸す方も、荷物の整理が必要だったり掃除も滞っていてそのままでは貸す訳にはいかないと躊躇することもあったに違いない。

そこで、三人は借りたものを借りたときよりもきれいに掃除して返すことを約束し、

２０１２年の城端曳山祭の時に最初の１軒を借り受けることになった。
そして、２０１２年の曳山祭は１軒の空き家をお借りして庵唄所望宿兼宿泊所に、引き続き２０１３年は２軒をお借りし庵唄所望宿と宿泊所として使わせてもらうことになる。
このように１軒、また１軒と空き家を借り受けることになる、この地道な活動の結果、２０１６年の城端曳山祭では４軒の空き家を一般社団法人が借りうけることができるようになったのだ。

そのように城端を愛する活動を続ける中で活動の拠点として「じょうはな庵（いおり）」が生まれることになる。（P181）

２０１４年の曳山祭で、参加希望が多くなり今までお借りしている空き家では毎年夜の所望が出来ないことから大工町地内に借りられるところはないかと探しはじめた。１１月になって、旧市街地のメインストリートに面した旧中谷家と巡り合う。ここは小京都の面影を残す古民家で所有者が大阪に移ってしまったために空き家になっていた。

建物は人が住まなくなると急激に劣化が進む。空き家活用の問題のひとつは建物の劣化改修にかかる費用である。幸いメインストリートの拡幅工事に伴いこの物件は曳家され、その時に基礎を新しく作ったり建物の改修工事を手厚くやっていたことがあり、かなり状態の良い空き家となっていて改修工事の初期費用がほとんどかからなかった。この空き家を借り受けようと大阪に住む所有者に働きかけたところ、譲っても良いという話となり、２０１３年に11月に松平、山下、山口の３人で買受けることになった。

続いて、有志で資金を集め、２０１４年の１２月に旧米田邸を購入し、２０１５年度の国土交通省の空き家再生事業での再生を目指し、建築士の渡邉さんに調査と改修のアドバイスを依頼した。この「じょうはな庵」と「米田邸（のちに荒町庵と命名）」の二棟は、国土の歴史的景観を構成する貴重な建物であることを立証され、文化財保護法に基づき登録有形文化財として登録されることになった。

そして、空き家活用と城端の魅力を伝え残してゆくことを目的として、２０１５年5月に「一般社団法人城端景観・文化保全機構」が設立されることになる。

「米田邸」は２０１６年3月に改修を終え「荒町庵」と命名され、あらたな交流活動の拠点となった。そして、２０１６年の曳山祭は６４名の方に曳山祭を楽しんでいただくことが出来たのである。

「じょうはな庵」と「荒町庵」は、お祭りの時のゲストハウスにする事が目的の第一ではあったが、社団法人の管理物件となったわけで、年に一度、お祭りの時に使うだけではもったいない。そこで、二ヶ月に一度くらいでこの場所を使い勉強会を開いている。地元の人は城端の古い町並みの歴史的な価値を理解するものが少なく、勉強会では特に地元の若者といっしょになって城端の魅力を考えることをテーマの中心にしている。今後は、さらなる地域活性の拠点としてその活用が期待されている。

今後の課題は、社団法人管理の建物の企画と運営を引き継いでくれる次の世代の人材を育成することだそうだ。

それとあわせて、お祭りの時だけではなく通常時における観光客の獲得も課題だ。

「曳山会館」では、通年、曳山祭の展示を行っていて、お祭りの映像の他に、先にご紹介したぎゅう山と呼ばれる屋台と庵屋台の実物が展示されていて近くで見ることが出来る。

また、城端の街に惹かれて街中に魅力的な雑貨ショップを開く若者も増えてきており、街の活気は少しつずつではあるが出てきたところと言える。

米田邸（荒町庵）については文化財調査と改修の監理をリノベーションを手がけた渡邉氏のレポートを事項に掲載するので参照してほしい。

城端の歴史ある街並を曳山がひかれていく

所望所の前にが庵屋台が庵唄をひろうしている

曳山祭の夜の風景。提灯の風情ある明りがすてきである

夜の所望所にて庵唄をうたう若連中

（☆写真はすべて日置雅晴氏による）

建築士の渡邉さんがつくられた市内のまち歩きMAP
城端の魅力が凝縮されている。

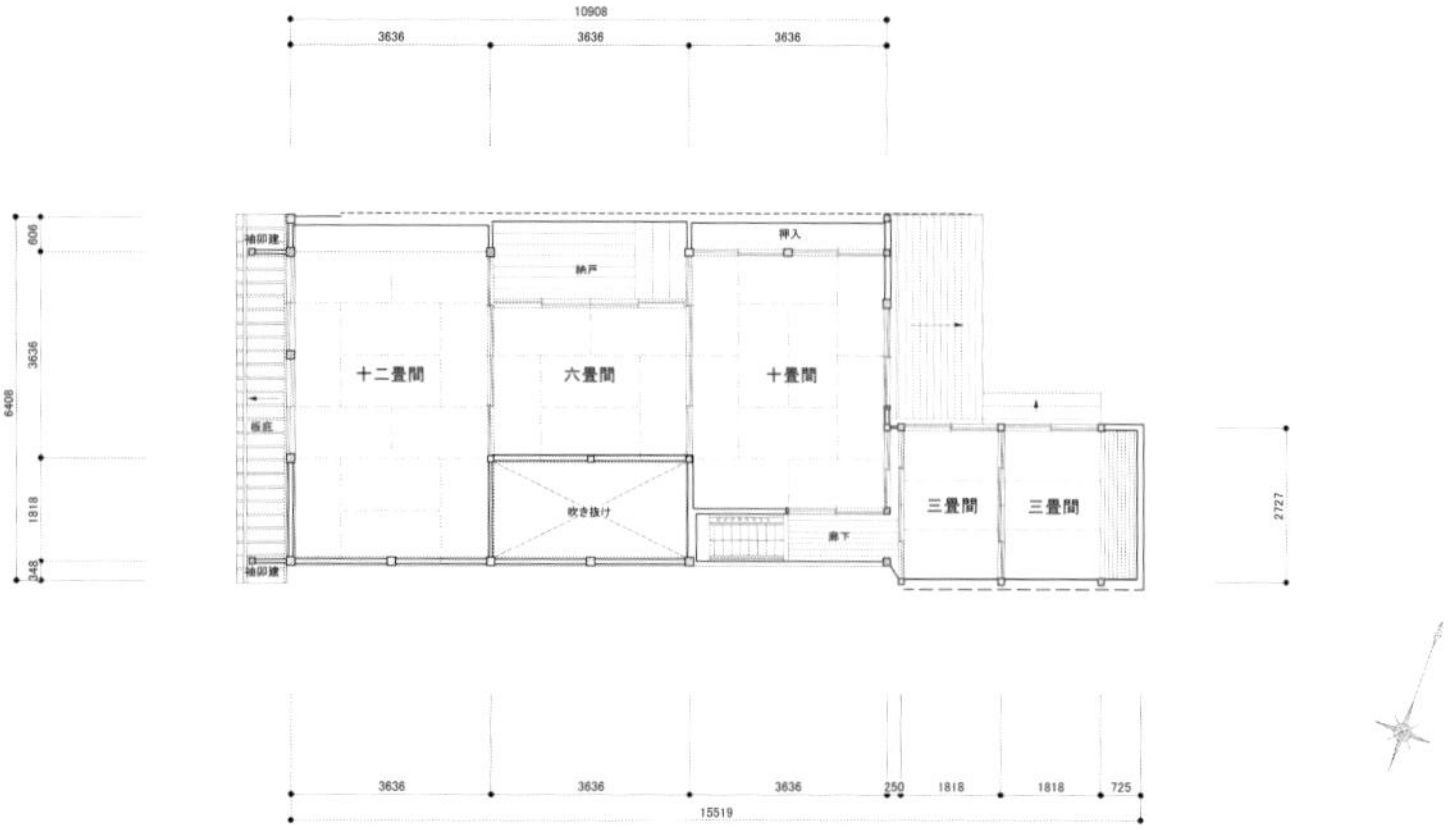

S=1/100 **2階平面図**

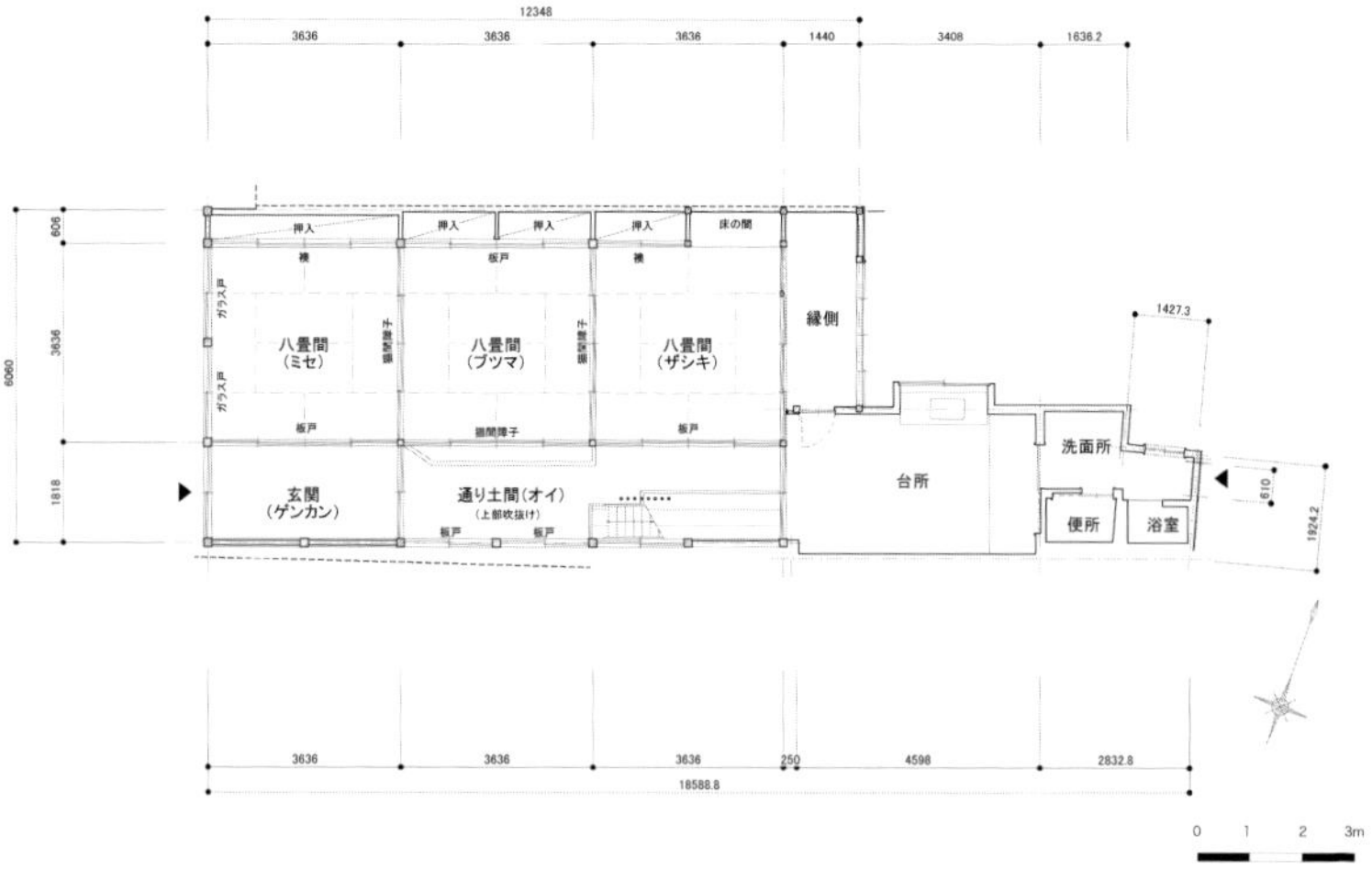

S=1/100 1階平面図

じょうはな庵　平面図

南砺市城端の荒町庵（旧米田邸）について

――渡邉義孝（一級建築士）

再生された町家

越中の小京都と呼ばれ絢爛な山車が巡回する曳山祭でも知られる南砺市城端の路地に面して建つ荒町庵は、10年以上にわたって空き家として放置されてきたが、「なんとかしたい」という地元住民と全国の有志によって買い受けた町家である（※1）。2016年に耐震補強と内部の改装工事を終え、ふたたび所望（※2）ができる多目的スペースとして再生されたものである。

改装に当たって、往時の街区呼称である「荒町」にちなみ「荒町庵」と名付けられたこの建物は、かつて「米田楼」と呼ばれた料理屋であった。

荒町庵の南東側外観

そのほとんどは廃業し建て替えられたが、当該建物だけが残った。

料理屋の作りとして、客同士が顔を合わさぬようにとの配慮から階段が複数設けられることが珍しくないが、荒町庵にもかつては3つの階段があった。そして東側前面道路を北上する曳山(山車屋台)と付き従う奏者を室内から拝観する所望のための格子窓と続き間の和室を備えている。今回の改装工事により、所望宿としての機能を回復し、実際に2016年5月の曳山祭では、地元有志と一般社団法人のメンバーらによる庵唄所望が実現した。

東側の玄関周り。所望時は左側出窓状の格子が外される

構造と規模および来歴

構造規模は木造2階建て、切妻平入りの大屋根を架ける。黒色の施釉瓦（いわゆる能登瓦）で葺く。外壁は押縁下見板張りである。

短辺となる東側前面道路に引違い戸の玄関と格子窓を持ち、背面の西側に勝手口を設ける。玄関側の2階は厨子二階を思わせる桁の低い開口部となり、昇り梁を突き出した縁側を配する。この縁はかつて吹き放ちだったものを後にガラス戸を嵌めたものである。北陸に広く分布する「切妻平入り・大屋根、厨子二階は昇り梁で架構し能登瓦を葺く」という町家のスタイルを踏襲しつつ、料理屋という接客空間と曳山の所望を両立させるという特殊なニーズを充たす建築として希少性が高い。

玄関の土間はかつて東側から2間の奥行きであったが、改修工事によって通り土間としコンクリートを打設、台所は位置を変えずに更新し、厨房と喫茶空間として使用できるようにリフォームしている。2室続きの和室は所望の際のもっとも重要な空間であり、旧状のまま保存している。1階の各室は天井を持たず、2階床板をそのまま見せる根太天井とする。

南側外観。腰壁を補強して下見板を修復

玄関、建具も根太天井も旧状のまま

玄関正面にひとつだけ残る階段は直線のまま2階に至り、5室が並ぶ。2階内部のしつらえは、増築された西側の一室を除き当初の雰囲気をよく残している。

棟札等は発見されなかったが、閉鎖登記簿の記述から、明治34年（1901年）に木造二階建て板葺きとして登記され、昭和2年（1927年）に瓦葺きに変更したことが確認できる。仮に登記が新築直後であると仮定すれば、建造年代は明治中期と考えてさしつかえないだろう。

また、この屋根の更新に関しては、南側の通路に面した妻面上部

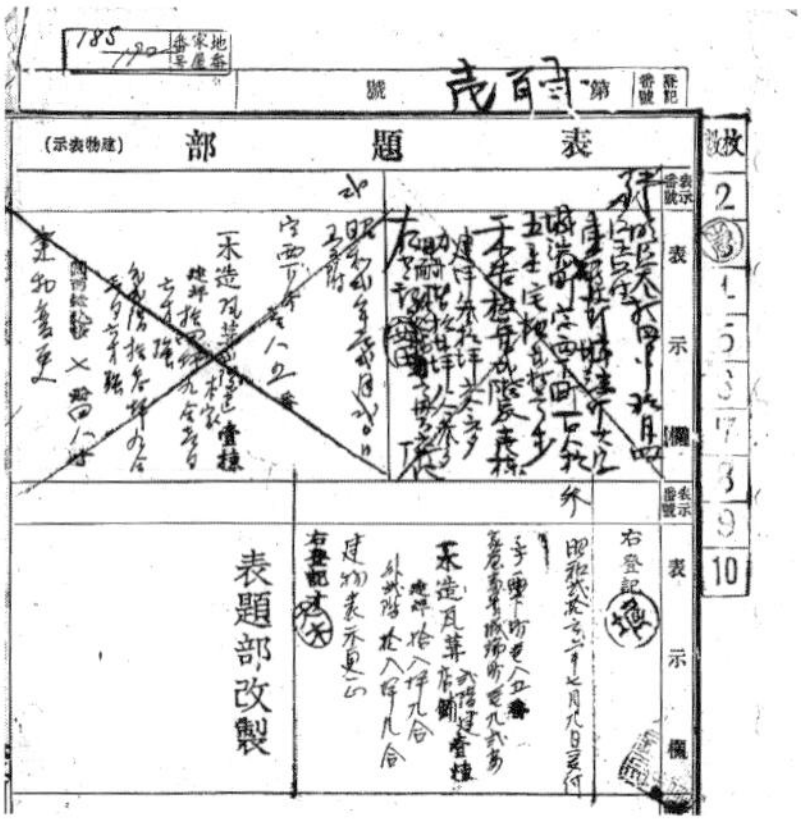
(建物表示)
表題部
表示番号
表示欄
表題部改製

閉鎖登記簿

1階和室

松平さん自作の表札灯

改修により土間にした１階内部

を見ると現況の屋根よりやや下に不自然に棟木や母屋が突き出している。これは緩勾配の板葺きの屋根をそのまま残し、その横架材のそれぞれの上に束を立て新規に母屋や棟木を置くことで勾配を急にした瓦屋根を新造した痕跡である（小屋裏でも確認できる）。緩勾配の板葺きが多かった北陸の民家で時々見られる改変履歴のひとつであり、貴重な史料でもある。

なお、西側の諸室は1階2階ともに後年の増築によるものであり、今次改修工事で1階部分に浴室、洗面台、便所などを設置した。

改装工事の留意点

改装工事にあたっては、文化財的価値を減じないように以下の諸点に留意して工事を行った。

第一に、床高の不足と道路舗装面の上昇によって雨水の浸入が拡大し、床まわりを中心にシロアリの食害と腐朽が多数見られた。耐用年数を伸ばすために通気を確保しつつ適切な防蟻処理を施すこととし、給排水経路の合理化を図った。

第二に、不足していた耐力壁を最大限確保しつつ、構造用合板や鋼製筋交いなどを混用して構造補強を図った。

第三に、通常望見可能な範囲の改変を最小限とした。屋根瓦の葺き替えにあたっては、一般的なマンジュウ瓦を採用せず、前述の通り能登瓦の鎌掛瓦を使用した。空調室外機の設置等にあたっても、東側ファサードの意匠を損なうことのないよう配慮した。

第四に、内部空間については、1階は土間を新設するなど調理・接客のための空間再構成を行ったものの、2階については旧態をそのまま残すことを主眼とし、端正な床の間や低い天井のしつらえ、特産の「しけ絹」を用いた襖など、「城端らしさ」を重視してこの空間を次代につなげることに留意した。

地域活性化の拠点として

荒町庵は、南砺市城端地区の地域活性化と定住促進を目的として「じょうはな庵（旧中谷家住宅。のちに国登録有形文化財となる）」を購入・再生した「城端生き活きプロジェクト」が所有者と折衝し、それを受けて東京を中心とする有志が資金を拠出して購入したものである。

荒町庵２階より、庵屋台を見下ろす。（日置雅晴氏撮影）

また、改修工事にあたっては「空き家再生等推進事業補助金」「富山県空き家活用等定住・半定住受入支援施設整備事業費補助金」「富山県定住者受入モデル地域トータルサポート事業補助金」を受けた。今後、観光・交流の拠点として大きな役割を果たすことが期待されている。すでに「歴史文化」と「ひと」そして「歴史的建造物」が一体となって地域を活性化させていく象徴として活用されている「じょうはな庵」とともに、この荒町庵も、まち全体の歴史的景観の維持保全の観点からも重要な建物である。

以上のように荒町庵は、城端の町家建築でありかつ料理屋街の賑わいをいまに伝える貴重な建築物のひとつということ

数十年ぶりに蘇った荒町庵と曳山の出会い（2016年5月）（日置雅晴氏撮影）

ができる。このため、登録有形文化財登録基準（平成8年文部省告示第152号）の「一、国土の歴史的景観に寄与しているもの」に該当するものと考えられる。

渡邉義孝（一級建築士・尾道市立大学非常勤講師・日本民俗建築学会正会員）

※1……荒町庵の購入と維持管理・活用を目的のひとつとして「一般社団法人　城端景観・文化保全機構」を2015年5月に設立した。

※2「所望（しょもう）」……曳山祭の日、親戚や友人を招き、ご祝儀を出して屋台を家の前で留め、庵唄を聞くこと

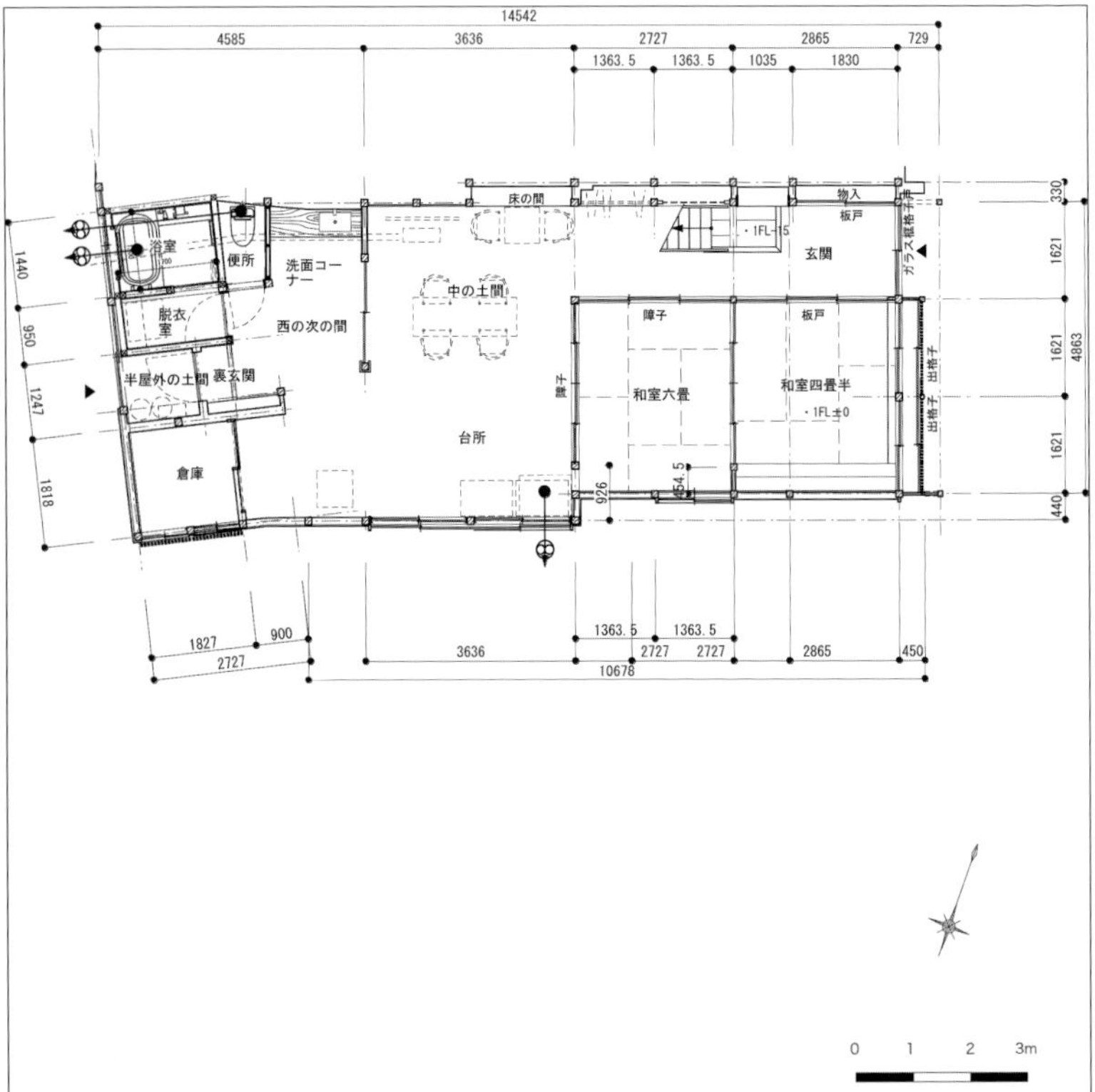

荒町庵　1階平面図

S=1/100

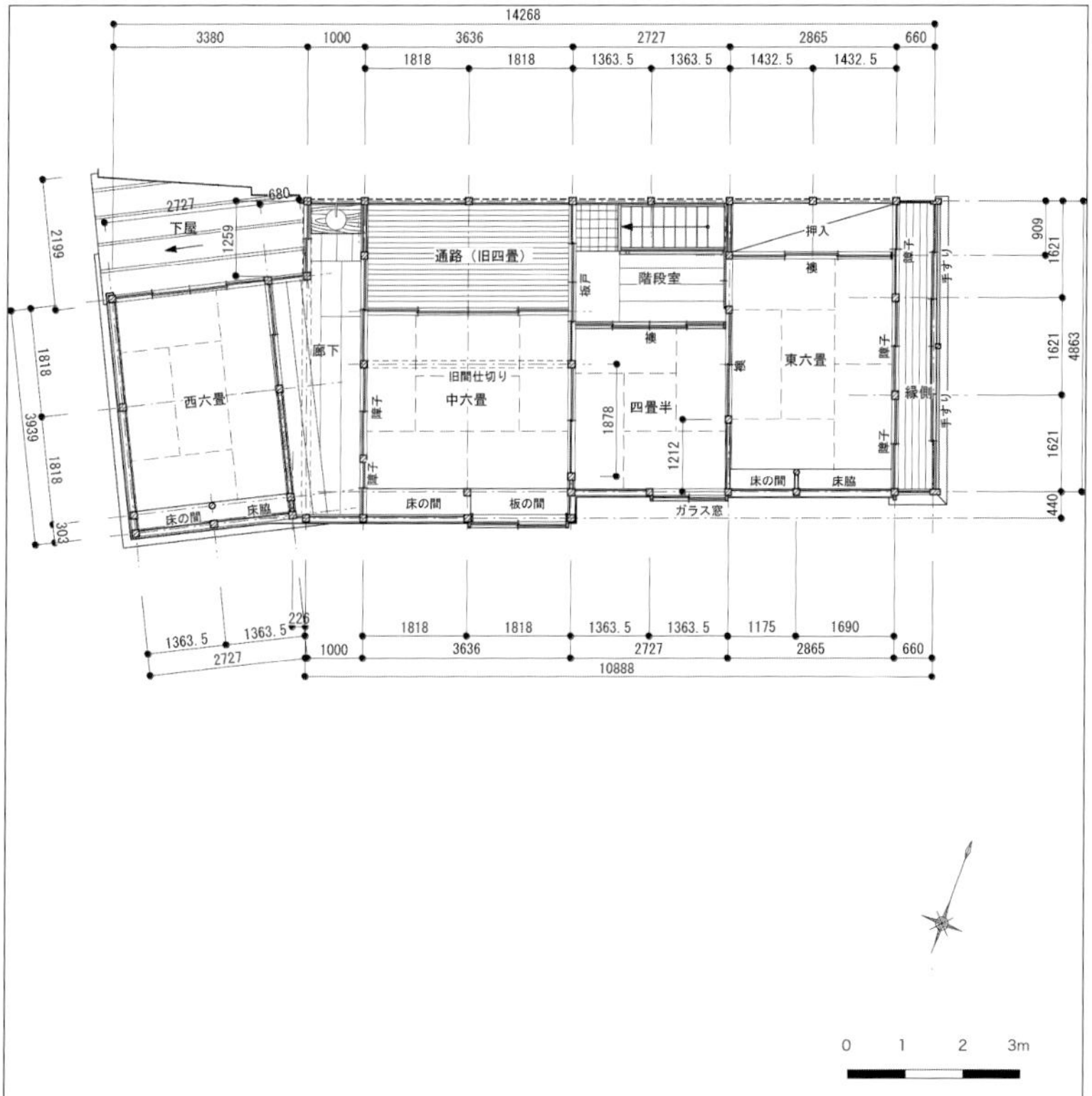

荒町庵　2階平面図

S＝1/100

位置図１

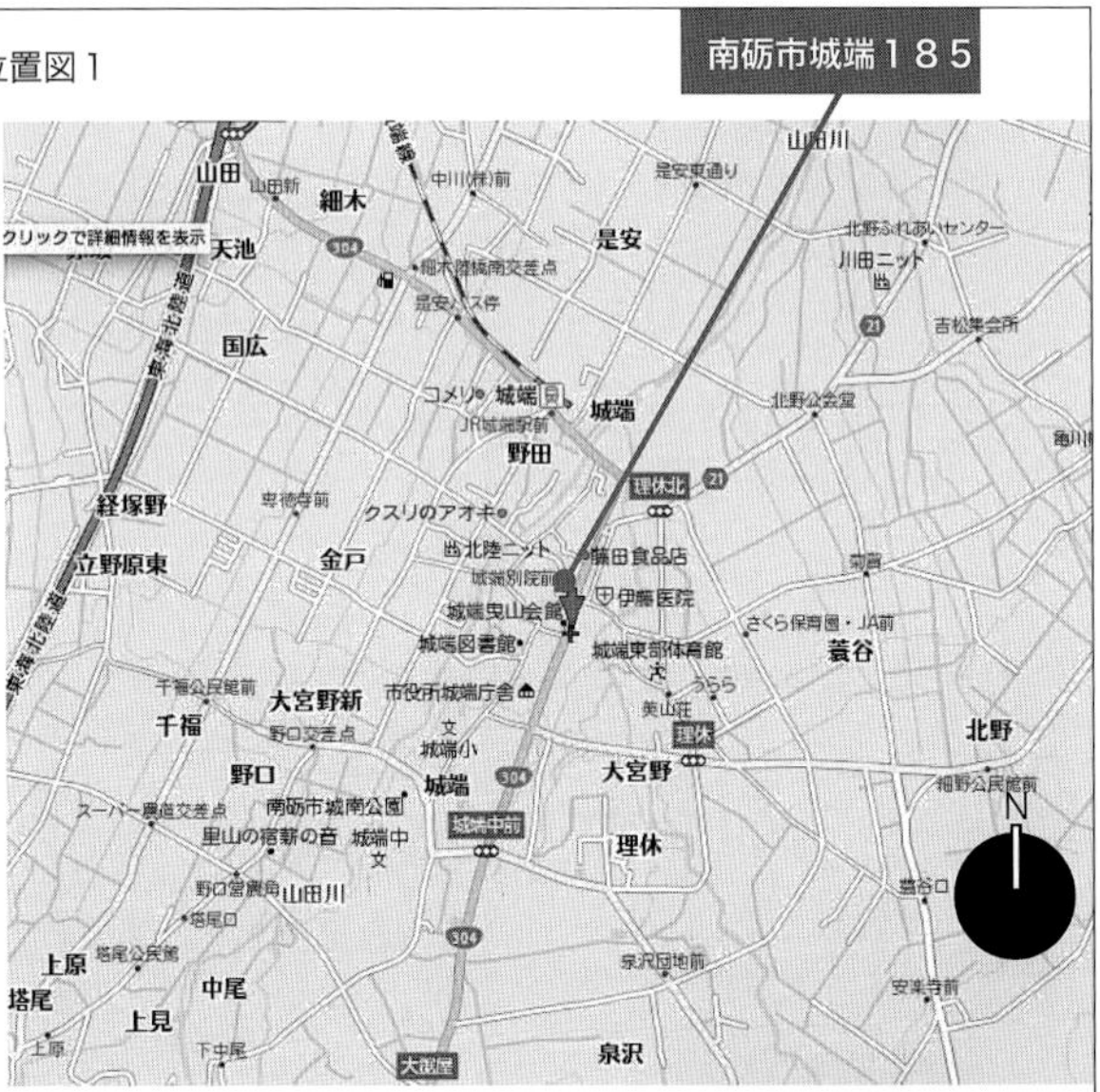
南砺市城端１８５
山田川
山田
山田新
細木
中川(株)前
是安東通り
クリックで詳細情報を表示
天池
是安
北野ふれあいセンター
川田ニット
吉松集会所
国広
コメリ
城端
JR城端駅前
北野公会堂
野田
理休北
経塚野
立野原東
クスリのアオキ
金戸
北陸ニット
藤田食品店
城端別院前
伊藤医院
城端曳山会館
さくら保育園・JA前
城端図書館
城端東部体育館
蓑谷
千福公民館前
大宮野新
市役所城端庁舎
うらら
千福
美山荘
北野
野口交差点
城端小
理休
大宮野
野口
城端
北野公民館前
南砺市城南公園
スーパー農道交差点
城端中前
里山の宿 新の音
城端中
理休
蓑谷口
野口営農角
山田川
塔尾口
上原
塔尾公民館
泉沢団地前
中尾
安楽寺前
塔尾
上見
上原
下中尾
大鋸屋
泉沢
N

位置図２

南砺市城端１８５
インテリア総合吉村油田屋
藤田食品店
なごみ
寿司恵
野村茶舗
トミイ写真館
幸ずし
富山県信用組合城端支店
松島松鶴堂
田村美容室
南砺市消防団城端方面団第一分団2
クスリの酒屋
城端別院善徳寺
野村薬局
うなぎ善雨幸
カワイ書店
エル・プライムイシムラ
城端別院前
N
地図データ (c)ZENRIN
アイコン
ホイール縮尺変更
中心点
富山弟

第3章

企業・団体が主の取組事例解説

産学連携課題

「コマジョリノベ」の取り組みとこれから

佐藤 勉（駒沢女子大学人文学部住空間デザイン学科准教授）

「コマジョリノベ」の概要と実施までの経過

駒沢女子大学人文学部住空間デザイン学科は、建築・インテリア空間の設計から陶芸・家具・織物などのものづくりまでを幅広く学べるカリキュラムにより、インテリアデザインと建築デザインの2コースで構成されている。２０１３年より産学連携課題「コマジョリノベ」の取り組みを始め、２０１６年までに３つの企業と連携、４つの課題を経て計6件のリノベーション提案を実現した。学生による提案を社会の中で実現させていく過程において、学生は一体何を身に付けるのか。産学連携による課題を通して、大学は学生と社会にどのような意義を与えていくのか。また企業は大学との協働によるリノベーション事業で、いかなる成果と展望を獲得するのか。

駒沢女子大学で学生への賃貸住宅の斡旋を業務委託している株式会社東都より、産学連携課題の可能性について打診があったのは２０１３年初頃のことであった。同社が管理する賃貸住宅のうち、特に長期間空室となっている物件について、学生のアイディアを採り入れた改修を行うことで状況を打開できないだろうか、といった提案であった。

当学科では、住空間デザインに関する多様なカリキュラムの中で、これまでも社会とのつながりを重視した様々な課題を行ってきた。しかし小屋制作などの小規模で仮設的なものを除くと、学生の空間デザイン提案を実現する機会はかつてなく、経費や所用時間の観点からも、通常の授業でこれを実現することは困難と思われた。

また企業から連携を打診された当初は、学生提案作品の施工後、入居者が決まらないといった事態にどう対処するかなど、授業として取り組む上でのいくつかの懸念があった。そこで事前に当事者間で協議の上で「産学連携に関する覚書き」を取り交わし、両者が一致協力してこのプロジェクトを成功させることを互いに確認し、ようやく課題のスタートに至った。

第1弾〈女子大生の暮らす部屋〉―学生目線のくらし提案による、賃貸空間の魅力発見―

実施期間：２０１３年9月～２０１４年2月

コマジョリノベ初の取り組みは、狭小住戸の改修提案であった。大学の最寄り駅から2駅離れた地域にある2物件で、物件Aは18㎡強の1K、物件Bは16㎡のワンルーム、どちらも築20年以上を経過したバブル期の典型的な物件であった。水回りは設備を更新するだけで配置は変えず、居室部分のみの改修となるため、2年生のインテリアデザイン設計計画課題の一つとして取り組んだ。計画に先立って現状を視察した学生達の多くは賃貸住宅に暮らした経験がなく、まずそのあまりの狭さに驚き、困惑した様子であった。特に物件Bは、玄関先から室内が丸見えとなる間取りで、「とても住めない」と思わせせるに十分なほどだった。

見学後、5週間後の企業プレゼンテーションへ向けてエスキスを開始した。内装だけでなく、家具・照明・カーテン・調度品などを含めた、女子学生の目線によるトータルな暮らしの提案を課題条件とした。そのため、課題開始時には施主側の希望や条件は特に伝えず、学生達が自由に構想・提案できる余地を残した。2つの物件に対し、それぞれ20名程の学生が個別にリノベーション案を平面図やイメージパースなどで提示し、企業へのプレゼンテーションの結果、対照的な特徴のある2つの案が選ばれた。

その後、2案を提案した学生と企業との間で、実現に向けて複数回の協議を行った。空間上やコスト上の制約等により、壁紙や床シートの選定、家具や室内装飾に至るまで、メールなどを介した細かなやり取りが交わされた。そして学生のアイディアをできる限りそのとおり実現したいという企業担当者の熱意も手伝い、提案した学生はもちろん、関わった者がすべて満足のいく2つの空間が誕生した。

工事前の物件A。標準的な１Kタイプ。

【物件A】「comfortable」

2年　森山加奈子

標準的な1Kの間取りに対し、比較的素直に家具等を配置しているが、ソファーベッドと対面する壁に壁付のシェルフを造作し、下面に間接光を仕組んで床から浮かせている。全体はピンク色の壁紙だがソファーベッド背後の壁面のみはミントグリーン色とし、狭いながらも空間の様相を変化させている。大理石柄の床シート、白で統一した家具や照明器具、収納扉の金物なども、学生の意見をもとに既製品から選定した。

完成後、ほどなくして当大学の学生が入居した。そこで居住者へのアンケート調査を行い、住人の満足度を確認すると共に、指摘された改善点を以降の授業に繋げることができた。

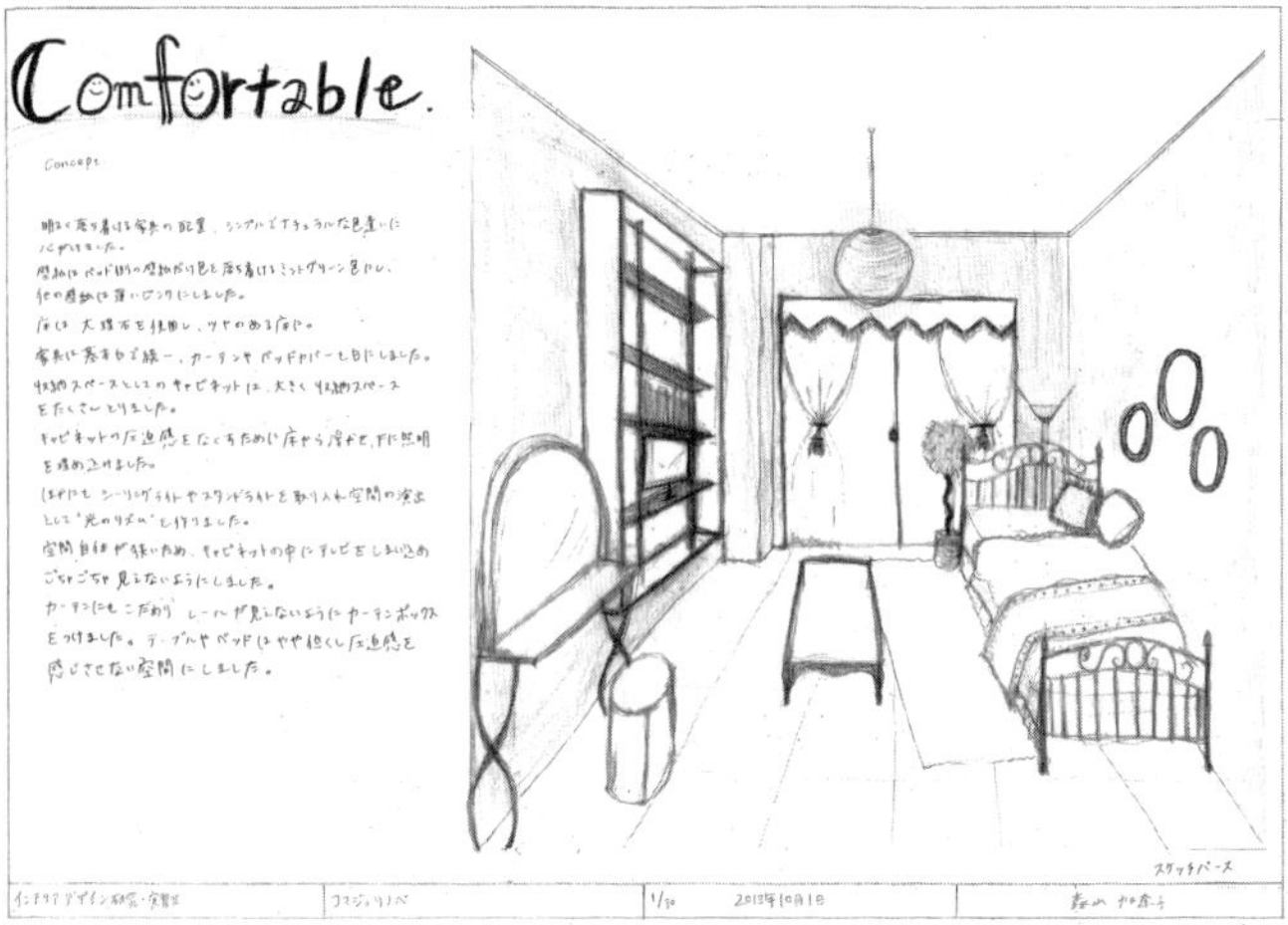

物件Aの選定案「Comfortable」。

完成した物件A「Comfortable」。テレビ棚が床から浮かんでいる。

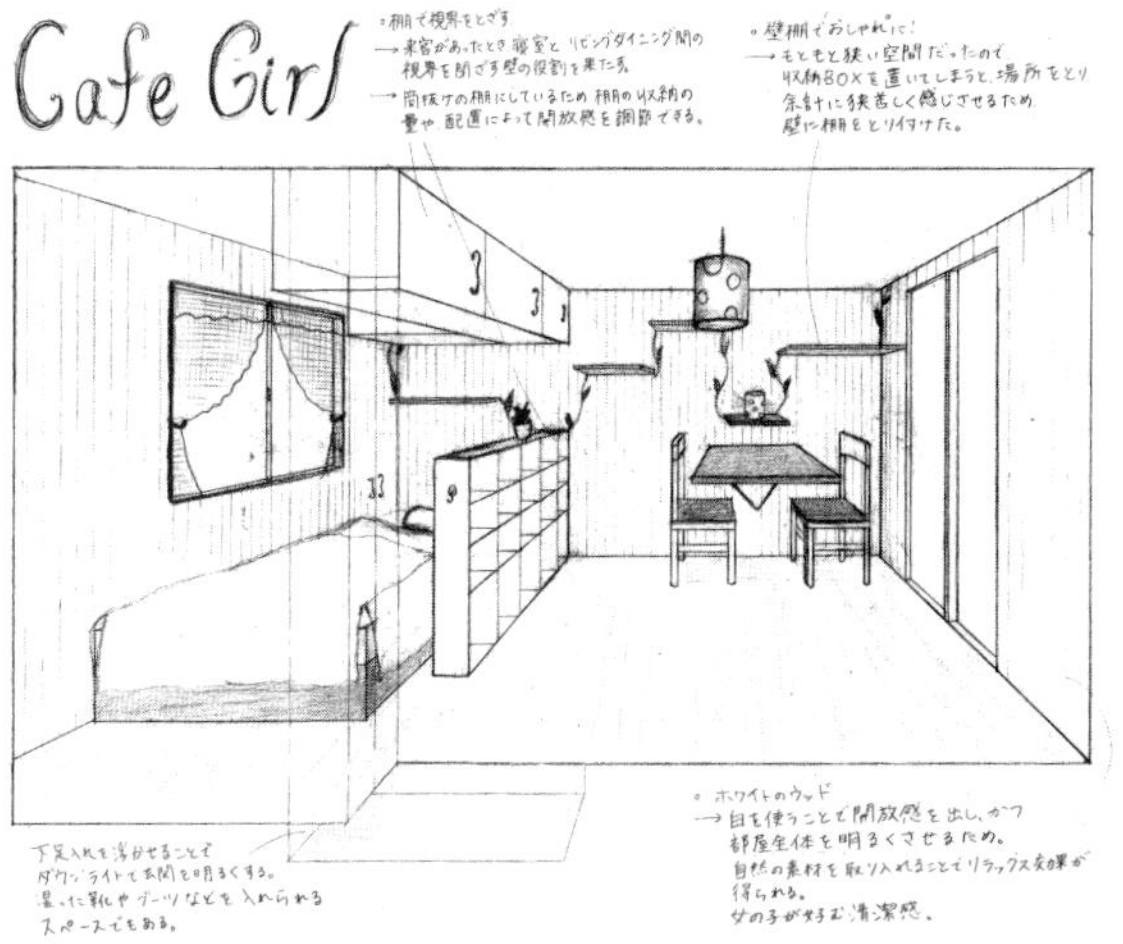

物件Bの選定案「Café Girl」。

【物件B】「Ｃａｆｅ Ｇｉｒｌ」

2年　立川静香

玄関と居室の境界がない狭小ワンルームタイプで、長期に渡って空き室だった物件である。ただ南面と北面に比較的大きな窓があり、2方向に開放されている。この特徴を活かし、造作家具によって空間をゆるやかに仕切り、生活の場所と就寝の場所を分離するプランを実現した。いままでになかった大型クロゼットを新設し、テーブルは壁に折りたためる仕様として、狭い部屋を機能的かつ柔軟に使用できるようにした。

木目調の壁紙が印象的なカフェスタイル部屋の完成後、入居したのは予想に反し、男性の社会人であった。しかし、狭さを感じさせない合理的でコンパクトな計画が、性別を問わず受け入れられた結果として受け止めている。

完成した物件B「Cafe Girl」。間仕切り棚で空間を柔らかく分ける。

工事前のワンルーム型物件B。

壁面に取り付けられた
折り畳みテーブル。

デザインが選ばれた森山さん（左）と立川さん。

第2弾〈和良インテリア計画〉―店舗ブランディングを踏まえた空間再生の試み―

実施期間：2014年9月～2015年1月

第1弾の取り組みは、全国放映のニュース番組をはじめ複数のメディアで紹介され、多くの反響を呼んだ。そうしたなか、東京都目黒区の自由が丘にて米粉パンを製造・販売する「和良（わら）自由が丘工房＆WARA CAFE」のマネージャーから産学連携の打診があり、第2弾のコマジョリノベ計画がスタートした。

駅近くの繁華街にある店舗では、1階ベーカリーの好調な売り上げに比べて、前年にリニューアル工事を行った2階カフェの集客が伸び悩んでいた。そのため学生の

WARA CAFÉ現況。

アイディアを募り、改修の方向性を探ることにした。1階店舗から通じる内部階段を上って2階のカフェに入るが、中央部分に階段と吹き抜けが占めているため、室内の開放感に比べて、客席配置上の自由度が限られる。店舗の活性化のためには、空間に対する明確なデザインコンセプトが求められ、3年生のインテリアデザインゼミ授業の共通課題として取り組んだ。

課題開始から約3か月後、同店の運営企業である株式会社エスココーポレーション（岡山県）の社長および関係者に向けて、3つの学生グループ計17名による、3つのリノベーション提案を行った。

同店の米粉パンの主原料である岡山県産米をアピールする空間を提案した**【A案】**

A案「彩（いろどり）ー見て、触れて、食べてー」模型。

の作品タイトルは「彩（いろどり）―見て、触れて、食べて―」。世界無形遺産に登録された「和食」と「和紙」を身近に感じられる、和モダンの空間を提案した。見どころの一つは、米粉の原料である、岡山県産米のサンプルを楽しむディスプレイによる演出である。窓面や階段の手すりには、組子細工とカラフルな伝統色の備中和紙を合わせ、内外に華やかな和の印象を与えている。

プレゼン後、和紙照明器具の点灯によるパンのお代わりサインの提案など、お店のオペレーションまでよく考えられたデザインである点が評価された。その一方で、手すりなどに用いる和紙の耐久性の問題、全体として大幅な改修が予想される、などの指摘があった。

B案「two-facedness（二面性）」パース。

メニューの異なるランチとディナータイムを念頭におき、昼夜のインテリア対比などをテーマとした**【B案】「two―facedness（二面性）」**は、照明の切り替えによって昼と夜の雰囲気をがらりと変化させた。白壁や石張りなどレトロな街並みが特徴的な岡山県倉敷のイメージを内装に取り込み、現在の店舗で使われている濃い茶色の家具や、和良のテーマカラーであるワインレッド色と調和させた。また料理で使用されている有機野菜とお米を印象付けるグラフィックや演出を店内全体に施した。

この提案は全体の完成度の高さが評価された。椅子をシートの貼り替えとすることで改装のコストを抑えられる点も評価が高

C案「Approachable 〜もう一つの場所〜」模型。

く、またカーテンで半個室状の席となる提案は、企業側も気が付かなかった良いアイディアであると評された。椅子張り地のワインレッド色が同店に相応しいか、学生に意見を求める場面もあった。

既存家具をリニューアルして活用しつつ、料理で用いる岡山県産野菜の魅力を内装に盛り込んだ**【C案】「Approachable 〜もう一つの場所〜」**。家でも仕事場でもない、誰でもゆっくりと親しめる居場所とするため、細やかな仕掛けが全体にわたってデザインされている。店内中央の有機野菜やワイン、雑誌などを色鮮やかに飾るディスプレイラックは背板が透明で視線を妨げず、週末のライブ演奏の邪魔にならないように配慮

辛辣な意見も交えた質疑応答。

企業プレゼンテーションの様子。

されている。また店舗の正面ファサードに取り付けられたフラッグやシェードも、街に対してお店の印象をはっきりと与えている。
この案はプレゼンテーションの素晴らしさを評価された。質疑応答では、必要な時に取り出すベビーチェアの保管場所について、また客席側からの厨房の見え方をオープンにするかクローズにするかについて、具体的な意見を求められた。

企業からのコメントは、「想像以上に真剣に提案を考えてくれていて感心した」、「お客様の目線と、従業員の目線の両方をよく考えてくれていた」、「期待を超えると『感動』だ!!といったことをよく社内で話しているが、まさにその通りだった」、「提案を事業として検討し、学生たちの考えを少しでも取り入れていきたい」など、前向きで学生たちが勇気づけられるものであった。
3つの提案に共通しているのは、空間のデザインにとどまらず、商品や店舗のブランディングにまで広げて考えをまとめた点である。それぞれの提案に対して、企業からは店舗運営の側面から時に辛辣な指摘もあったものの、同店の客層に近い女性目線による細やかな提案に対し、高い評価を受けることができた。その後、実現に向けて検討を重ねている。

第3弾〈二人が暮らす住まい〉―間取りの変更も含めた、トータルな暮らし方への提案―

実施期間：２０１５年４月～９月

コマジョリノベ第3弾は株式会社東都と再び連携し、対象とする物件の規模を拡大した課題を行った。大学近くの２ＤＫ賃貸住戸２物件を提案の対象とし、住戸間取りの見直しも含め、提案を検討した。２つの対象物件は共に標準的な２ＤＫタイプの間取りで、設備の更新に伴うリフォーム時機に見合った物件が選ばれた。今回からは初めて3年生のインテリアデザインスタジオと建築デザインスタジオの共通授業課題として取り組んだ。

【物件Ａ】は駅至近の木造アパート2階の中部屋で、陽当たりはよいが、比較的交通量の多い交差点に直面している。【物件Ｂ】は幹線道路沿いの中層マンションの4階で、1階に人気ベーカリー店があるなど良好な住環境だが、駅からの距離とエレベーターの無いことがマイナス要因である。

課題条件は、想定する住人を「二人暮らし」とし、年齢や互いの関係は設定自由とした。

説明に熱心に聞き入る学生達。

最終企業プレゼンテーションの様子。

提案された作品は、若い二人暮らしを想定した提案が大半で、結果的に若年層の暮らしに対する要望を掘り起こすこととなった。多くの提案が一方の居室の壁を撤去してDK空間と一室化するものであり、さらに残る一室も扉で仕切らずに他室とゆるやかに繋げる案もいくつかみられた。またキッチン造作の工夫や水回り、特に洗濯機やトイレの配置に対する変更提案も多く見られた。

提出された32の提案から12作品が選抜され、企業へのプレゼンテーションを経て最終的に2案が選定された。第1弾と同様に、作品が選定された学生と企業の間で協議と調整を重ね、2015年秋に2つの部屋が竣工、賃貸物件として貸し出された。

【物件A】「何気ない日常を大切にしたい人に」3年　牧野　結

コンセプトは、新婚夫婦が日々の暮らしの中で、小さな幸せを感じて過ごすことのできる暖かい空間を作ること。そのため、視線を交わす機会が増えるような家具の配置をし、仕切りには

工事前の物件A。木造2階立ての典型的2DKの一室。

物件Aの選定案「何気ない日常を大切に過ごしたい人に」。

完成した物件A。造作カウンター越しに青と緑の壁が映える。

観葉植物やガラスブロックを使うことで、お互いの存在を断ち切らないよう設計した。

ＤＫと居室間の壁を撤去し、二室を繋げている。計画ではすべての壁を取り除く予定であったが、施工中に構造上取り外しのできない柱があることが判明し、一部の壁を残した計画の変更を余儀なくされた。また隣室との境壁の一部に用いたガラスブロック壁も、施工上の理由から想定されていたサイズを見直した。

壁面を部屋によって異なる色調の壁紙で仕上げてシーンをはっきりと分け、新しく造作したカウンターも明確な拠り所となっている。以前はベランダにあった洗濯機置き場を室内に取り込むなど、暮らしやすさにもしっかりと配慮した計画である。


【物件Ｂ】「わくわくと ゆったり～アジアン家具で暮らす～」３年　佐藤柚紀

作り付けの家具が大きなポイントになる、住んでいて楽しく落ち着ける部屋を目指し、設計した。ＤＫと居室間の壁をすべて撤去してＬＤＫとして一体化させ、寝室部分も一部壁があるだけで空間として連続している。

扉を開けて初めに目にするのは大きなカウンターテーブルで、部屋に広さとインパクトを与えている。ベッドは棚に囲われて安心できる場になっており、ゆったりとくつろぐことができる。個性的でありながら、居住する人の使いやすさや快適さもしっかりと考えられていたことが、この案が採用されたポイントであった。

工事前の物件B。マンション型の典型的2DKの一室。

物件Bの選定案「わくわくと　ゆったり」。

完成した物件B。カウンターはシンクと同じ高さとしている。

造作のカウンターがDKの中央に据えられ、リビングと寝室にも大型の造作収納を設けて必要な機能を集約させ、全体として開放的なワンルーム住戸を実現している。ただし、賃貸物件としては「ワンルーム」よりも「1LDK」として募集する必要性から、寝室部分との境にはカーテンレール等を設えることとしている。

第4弾〈学生寮キッチンルーム計画〉―人気のない部屋を居住者の目線で「居場所」へ再生―

実施期間：2016年4月～9月

学生寮や社員寮などを企画・運営し、当大学の学生寮も管理運営している株式会社共立メンテナンスの担当者から2015年秋に産学連携の打診があり、協議を経て第4弾のコマジョリノベが始まった。対象物件は、東京都八王子市の高尾駅前に建つ学生寮「ドーミー高尾」（総部屋数521室、14階建）である。男女別の各階に設けられ、簡単な調理等を行う設備を備えた共用キッチンルーム（面積約30㎡）がリノベーションの対象となった。この部屋は入居者がいつでも自由に使えるにもかかわらず、窓が小さく日中も暗いこともあって利用者は少なく、快適な居場所となっていなかった。

今回の計画では、居住者同士の交流を活性化させ、また寮生活の魅力を学生にアピールするために、モデルケースとして男女1部屋ずつのキッチンルームを改修することとなった。

工事前の現地見学会の様子。窓が小さく、昼間でもほとんど自然光が入らない。

企業プレゼンテーションの様子。

女性用キッチンルームの選定案「つながる」。

約5週間の授業を経て42の提案から12作品が選抜され、企業へ向けてプレゼンテーションを行った。選ばれた2案のデザイン詳細について学生と共に協議し、施工に向けての調整を行った。

【女性用キッチンルーム】「つながる」
3年　柳澤沙樹

コンセプトは、キッチンユニットと連続したテーブルカウンターが同じ85㎝の高さで統一されていることと、この部屋が寮生たちの交流の場となってつながることを目指している。

少しでも部屋を広く見せるために錯視を利用した台形のテーブルは、4つに分割されているので、さまざまな組み合わせで使うことができる。内装家

黒板周りの装飾を現地で学生たちがペイントした。

完成した女性用キッチンルーム。

事前に学生たちが手作りで作成した壁時計用フォトフレーム。

男性用キッチンルームの選定案「"きっかけ"を囲む」。

具の仕上げ材選びでは、サンプルを取り寄せてイメージしながら検討するなど、実際の仕事の進め方を体験できた。さらに壁面の黒板回りの装飾塗装や壁時計の文字フレームを学生がＤＩＹで制作・設置したことで、とても貴重な体験となった。

【男性用キッチンルーム】

「"きっかけ"を囲む」３年　高橋怜奈

利用者がこの部屋をきっかけに友達ができ、交流の場をつくるというコンセプトである。ポイントである六角形のテーブルは、角があることで相手と自分のスペースを確保し、程よい距離感ができる。高さの異なる六角形テーブルを複数組み合わせることで、多様な使い方を誘発さ

現地で壁面フレームの設置を行う高橋さん。

完成した男性用キッチンルーム。

六角形のテーブルを様々な形に組み換えができる。

せる。窓近くの壁に水平に細長い鏡を設けて自然光を導くなど、明るさへの工夫も凝らされている。

壁の装飾フレームを他学生とＤＩＹで制作・設置し、その空間になじむような装飾や構成を現地で考えた。学生の感想は「当初考えていた案よりさらに素敵に仕上がり、鳥肌が立つぐらい嬉しかった」とのことである。

「コマジョリノベ」から「コマジョクリエ」へ

産学連携課題を行うことによる、大学にとって最も本質的な価値は何か。それは計画を進める上で派生する様々な意見や条件を調整し、一つの提案が具体的な空間に向けて実現されていくプロセスを、学生らが目の当たりにすることである。出来上がった空間が実際の用に供されることも素晴らしいことだが、発想から提案を経て空間の完成までの過程を産学で共有することが、案が選ばれた学生だけでなく、課題を行ったすべての学生にとっての価値、ひいては計画に関わった関係者全員の価値となりうる。企業との交渉や調整を学生に任せることは、場合によっては難しいこともあるが、教員が適宜調整役となり、学生にその一端を経験させることでも、多くの成果が得られる。

建築・インテリアの職能がより細分化・専門化されている現在、実践力や調整力などといった、業務を総合的に遂行する能力が矮小化されている感がある。既成の空間を対象としたリノベーションにおいては、こうしたいわゆるプロデュース能力が、デザイン力に劣らず必要となる。産学連携課題を通して大学が学生に与える意義は、このトータルな提案力や実行力の必要性を彼らに意識させることにある、と言えよう。

その一方で、大学との協働によるリノベーション事業で、連携する企業が得られる成果も計り知れない。上記で紹介したいずれの計画においても、連携企業は学生の提案から顧客の潜在的な要求や要望を積極的に読み取っている。賃貸住宅や学生寮の計画においては、実際にその物件を借りる側の目線で提案がまとめられている。またベーカリー・カフェの計画提案は、将来の顧客の潜在ニーズを予測する手掛かりとなる。学生は専門分野の知識においてはまだまだ素人に近いものの、顧客としては専門家以上に柔軟かつ新鮮な視点や発想を提供する可能性がある。

こうした産学連携によるリノベーション計画は、通常の事業と比べると煩雑で時間的拘束等があることは免れない。しかし、これまでの課題を通して、産学連携を通してでしか得られない多様な社会的価値を創出する可能性を実感している。机上の提案にとどまらずに、様々な過程を経て実際に竣工することで、学生・教員・企業間での様々なやりとりを通した要求や要望が多面的かつ立体的に顕在化していく。

２０１６年秋、駒沢女子大学と株式会社東都、株式会社創建の三者が産学連携し、新プロジェクト「コマジョクリエ」がスタートした。これは三者が協力して事業のマーケティング、コンセプトの考案及び企画・計画を行い、居住者の理想的な暮らしを叶えるトータルデザインを提案、これらを連携先の企業が具現化し、実行に移すいくつかのフェーズを経て、新たに賃貸住宅を建設していく新築プロジェクトである。

プロジェクトはマーケティング、全体のコンセプトの策定、企画・計画、設計・施工等、複数のフェーズに分けて段階的に実施され、まず第1フェーズとして学生が計画全体のコンセプトを策定・提案する。そこで優秀案として選出された作品が、次年度の第2フェーズ以降における基本計画提案を経て設計され、実際に施工される予定である。

「コマジョクリエ」の「クリエ」は、クリエイト、クリエイション、クリエイティブなどの言葉の語尾を略したもので、創造、創作、独創などの意味が込められている。社会において異なる分野、機能をもつ三者が連携・協力し、今までにない独創的な空間を創造するプロジェクトの総称である。これまでの「コマジョリノベ」の成果を受け継ぎ、より発展的に社会へ貢献していくことを目指している。

空間デザインの活性化へ向けて　―Revitalize ! Space Design―

「コマジョリノベ」のこれまでの活動を振り返り、空き室のリノベーションをはじめとする新たな空間デザインの試みが、人々の暮らしや社会的な活動により広範に貢献できる可能性を感じている。これからますます社会的な重点テーマとなりうる、これらの空間デザインがもたらす効果と来るべき将来像を見据え、以下の４つの視点を中心にしたダイアグラムを作成した。

一つ目の視点は「選択すること」である。多種多様な商品やサービスが生まれる世の中で、適宜適切なモノや情報の選択を行うことが求められている。自然力を活用した素材やエネルギーなどの適切な選択、安全・安心のためのデザインの適切な選択が、長寿命の空間デザインにつながっていく。またすべてをプロ任せにするのではなく、正しい知識を選択した個人も、ＤＩＹ等で多様な社会ストックを活用していく。

二つ目の視点は「再生すること」。リノベーションはストックを活用するだけでなく、その場所や地域の伝統・伝承なども再生する。空間の中にある家具や生活道具も含め、スクラップアンドビルドではなく繰り返し再生あるいは再利用できることが、あらゆるデザインの基本テーマとなる。再生することが容易なデザインは、災害時などの非常時や縮小していく社会に対してレジリエンス（回復力）を発揮することができる。

三つ目の視点は「共有すること」。一つのモノをみんなで分かち合うシェアリングが再び

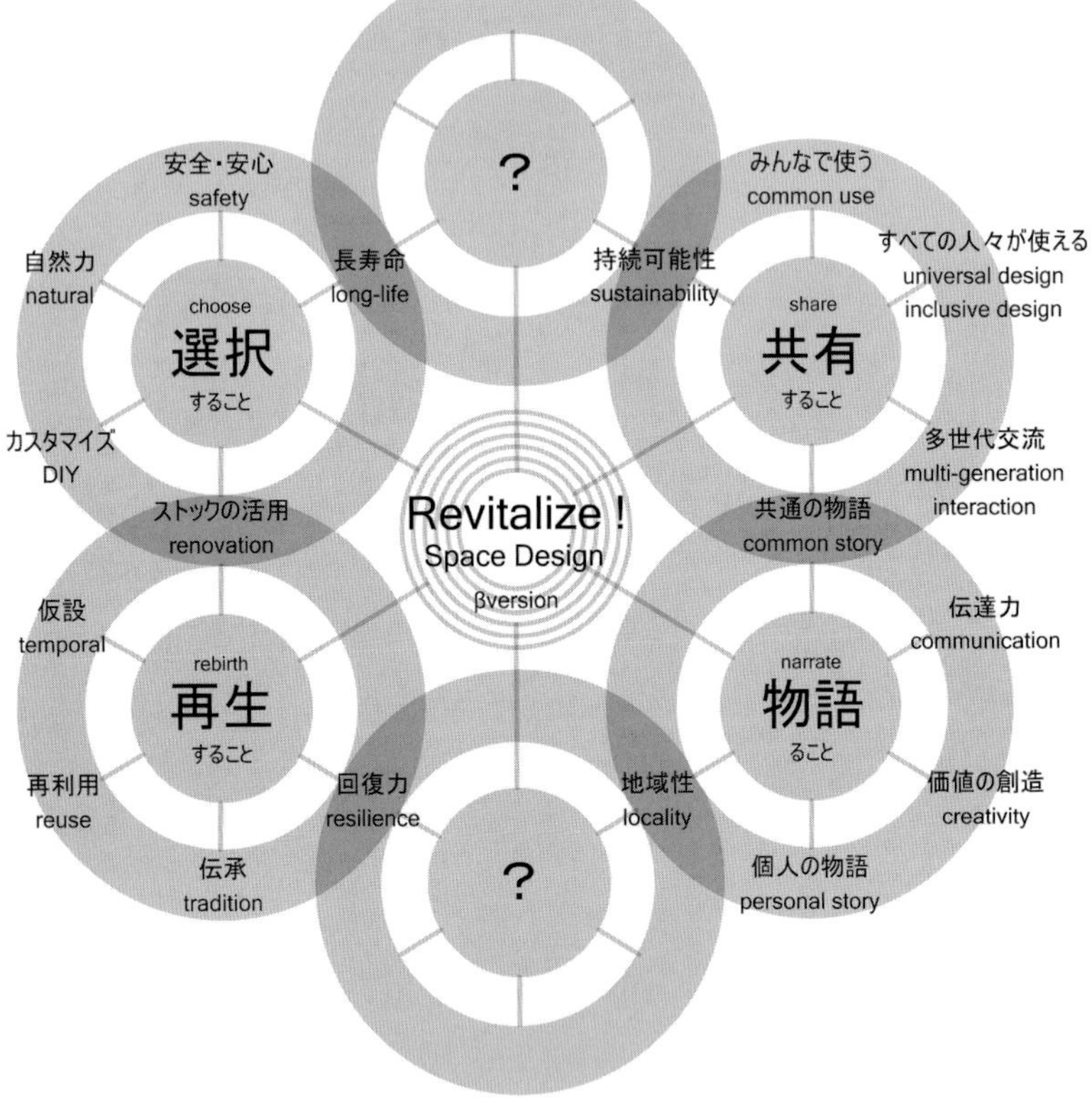

Revitalize ! Space Design、JAPANTEX2016
インテリアトークセッション
(一部改編)、黒川哲志＋佐藤勉

市民権を獲得し始めている中で、より広い視座に立ち、すべての人々が使えるデザインとは何かを考えること。一つの空間やモノを長く継続的に使えることは、必然的に他者や多世代とのつながりや交流を生み、そこから共通の物語りが育まれていく。

四つ目の視点は「物語ること」。共通の物語りを育み、後世に広く伝えていくために、適切な表現力や伝達力を身につけることが必須である。空間やモノづくりに関わるさまざまな個人の活動が紡ぎ合って大きな物語になる。人々が共感するストーリーは新たな価値の創造を呼び込み、豊かな地域性の再発見や再創造に結び付いていく。

上記の4つの視点とその関連ワードを図のように並べてみると、この4つの視点をさらに強くつなぎとめる視点が、いまだ残されているように見える。「選択すること」と「共有すること」がつながるのは、人種や国境を越えて結ばれる、未来の世界へ向かう視点のように思われる。また「再生すること」と「物語ること」がつながるのは、地域や地方の多彩な文化・伝統と結ばれる、過去へ向かう視点のように思われる。

このダイアグラムは、空き家活用をはじめとする多くの空間デザイン事例からヒントを得た、制作途上のベータ版である。将来、さまざまな実践の中でこのダイアグラムを参照することによって、取り組みの中で欠けている視点を充足させ、空間デザインをより多面的に活性化させるインフォグラフィックスへ発展させていきたい、と考えている。

コマジョリノベ　第1弾〈女子大生の暮らす部屋〉
連携企業：株式会社東都
担当教員：金子重春、佐藤勉

コマジョリノベ　第2弾〈和良インテリア計画〉
連携企業：株式会社エスココーポレーション
担当教員：神村真由美、橘田洋子、佐藤勉

コマジョリノベ　第3弾〈二人が暮らす住まい〉
連携企業：株式会社東都
担当教員：磯谷慶子、榎本文夫、太田清一、神村真由美、
橘田洋子、佐藤勉、三戸美代子、茂木弥生子

コマジョリノベ　第4弾〈学生寮キッチンルーム計画〉
連携企業：株式会社共立メンテナンス
担当教員：磯谷慶子、榎本文夫、太田清一、神村真由美、
橘田洋子、佐藤勉、三戸美代子、茂木弥生子

官学連携課題

「学生主導による空き家改修プロジェクト」

芝浦工業大学の学生プロジェクト団体「空き家改修プロジェクト」

――古川泰司（一級建築士）

東伊豆町稲取に「ダイロクキッチン」という名前の不思議な場所がある。キッチンと言うからレストランかと思うと、食べ物はないようだ。でも、お茶やコーヒー、伊豆オリジナルのサイダーもあって、カフェとしてくつろげる場所になっている。私が行ったときには写真サークルの展覧会をやっていたから、ここはギャラリーでもあるようだ。

ダイロクキッチンの支配人みたいな感じで取材に応じてくれた荒武優希さんは、今年（2016年）の春に、芝浦工業大学大学院建設工学専攻を修了して、地域おこし協力隊として、東伊豆町に入った若者。彼はココを仕事場にしているという。

ダイロクキッチン内部-カフェのようなギャラリーのような
（撮影　古川泰司）

ダイロクキッチンの前でオリジナルメンバー（撮影　古川泰司）

そして、ここは荒武さんも主要メンバーとなって２０１６年11月に立ち上げた、主な活動として空き家活用を考える「ＮＰＯ法人ローカルデザインネットワーク」の活動拠点ともなる。

「ダイロク」とはなんだろう？表の看板にある「第六分団器具置場」の文字がそのまま残されている。ここは東伊豆町の消防団の施設だったのだ。それが使われなくなっていたため、何かに活用できないかと東伊豆町から荒武さんたちに相談があったのだ。「ダイロク」は「第六分団」からそのまま取られた。

そして、「キッチン」と付けたのは、みんなが集まってわいわいがやがやできる場所として使っていきたいからみんなが「食」でつながる、楽しい場所として活用していきだいからだ、と荒武さんはいう。

実は「ダイロクキッチン」を生んだのは荒武さんを含む芝浦工業大学の学生グループだ。正確に言うと、すでに当初のメンバーは卒業して社会人となっていいいて、これはメンバーが学生の頃のプロジェクトである。まずは、学生である彼らがこうしたリアルなプロジェクトを自分たちの発案で実現できたということが素晴らしい。

使われなくなった消防団施設の活用を東伊豆町から依頼され、そこを彼ら自身でセルフリノベーションして「ダイロクキッチン」として生まれ変わらせることになったのだが、そこまでの経緯を追ってみよう。

まずは、２０１１年に、東伊豆町が国土交通省の地域づくりインターン事業から派生した「地域づくりインターンの会」を窓口として、大学生をインターンシップとして募集していた。そのお知らせを見た当時芝浦工業大学の二年生だった森本健介さんがこれに応募する。森本さんは、インターンシップ先で農業体験を中心にやっていたが、東伊豆町では空き家が増えてそれが問題となっていることを知る。

芝浦工業大学には、学生が企画・実行するプロジェクトに大学が資金援助をする取り組みである「学生プロジェクト」がある。学生が大学に企画を提出し採択されると年間50万円以下の援助がもらえる。

森本さんは、大学の仲間の荒武さんたちと東伊豆町での空き家活用を事業として企画し大学に提案、2014年にみごと採択された。これが東伊豆町で空き家対策を始める「空き家改修プロジェクト」のスタート地点となった。

当初のメンバーは
荒武優希
森本健介
守屋真一
門井慎之介
川島優太
永井健太郎
白石峻馬
鈴木惇平
廣川慎太郎
石川岳
の10名。

東伊豆町ではすでに空き家マップづくりを始めており、それをもとに芝浦工業大学のチームも独自にまちあるきをし、空き家になっていた「水下いこいの家」の活用を町に提案する。「水下いこいの家」は自分たちでリノベーションできそうな手頃な大きさであった。町からの許可を得て学生のボランティアの力を合わせて、すべて学生だけのセルフリノベーションで、この小さな平屋の施設の工事が完成したのが2014年9月18日だった。

「水下いこいの家」の改修案は、彼らの提案（提案図参照）を見ていただければお分かりになると思うが、既存の建物に入れ子状に新しいフレームを作り、それにより新しい居場所を既存の空間に生み出すという、シンプルでいて実用性の高い提案だ。

こうした学生の動きと時を同じくして東伊豆町に「空き家等利活用推進協議会」が立ち上がり、森本さん、荒武さんたちもこの協議会に参加するようになる。こうして、学生たちの空き家活用の取り組みが行政との協働の形を取るようになった。

学生たちの「空き家改修プロジェクト」の活動が本格化してゆくと同時に他の地域からの相談もくるようになる。

その活躍ぶりを見た東伊豆町が、使われなくなった消防団器具置場の改修を彼らに依頼することになったのである。

現在、やはり町の管理物件である東海汽船のチケット売り場の改修工事を依頼されて、その工事ももうすぐ完成しようとしている。

本格的な活動のきっかけとなった「水下いこいの家」の前で

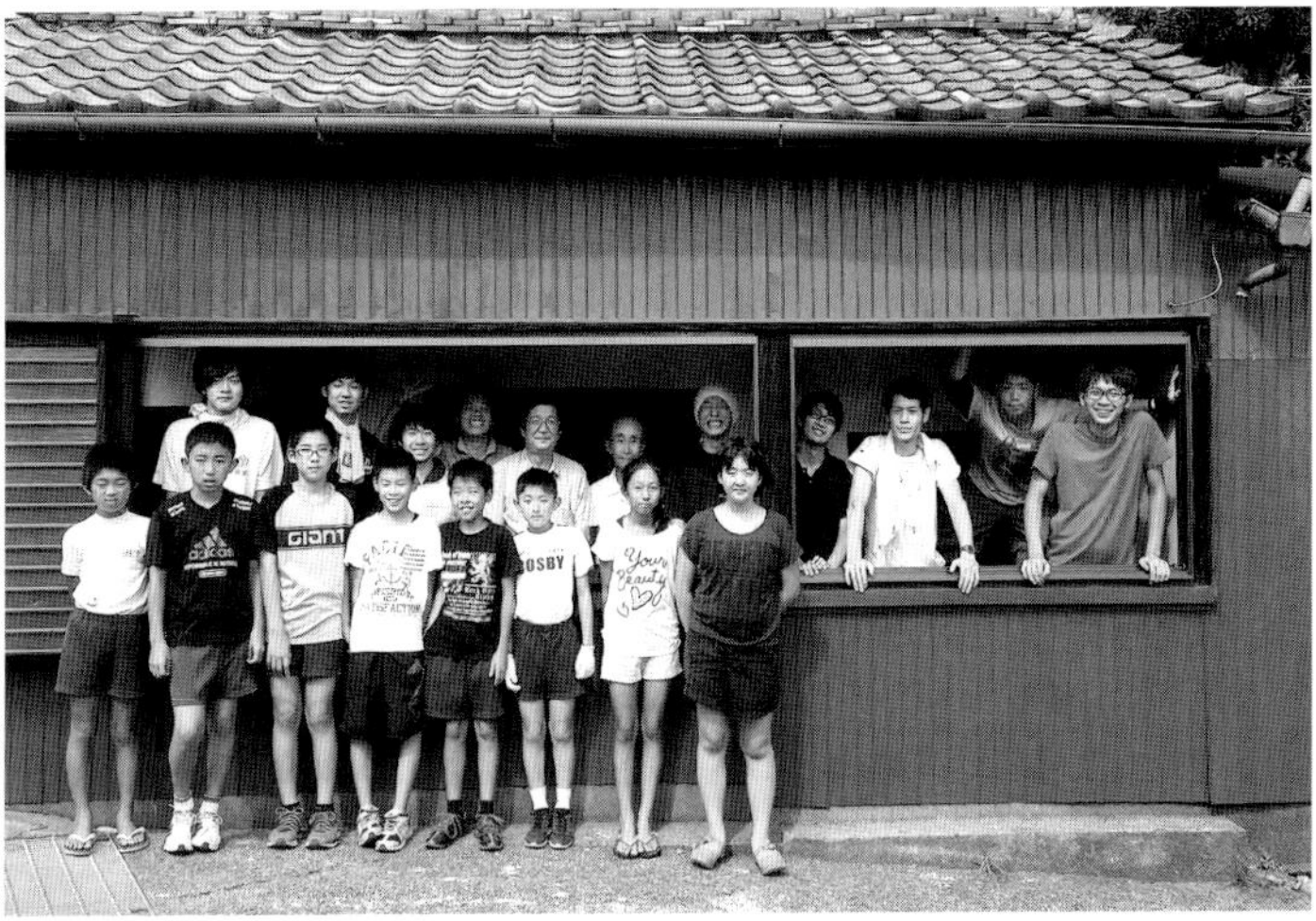

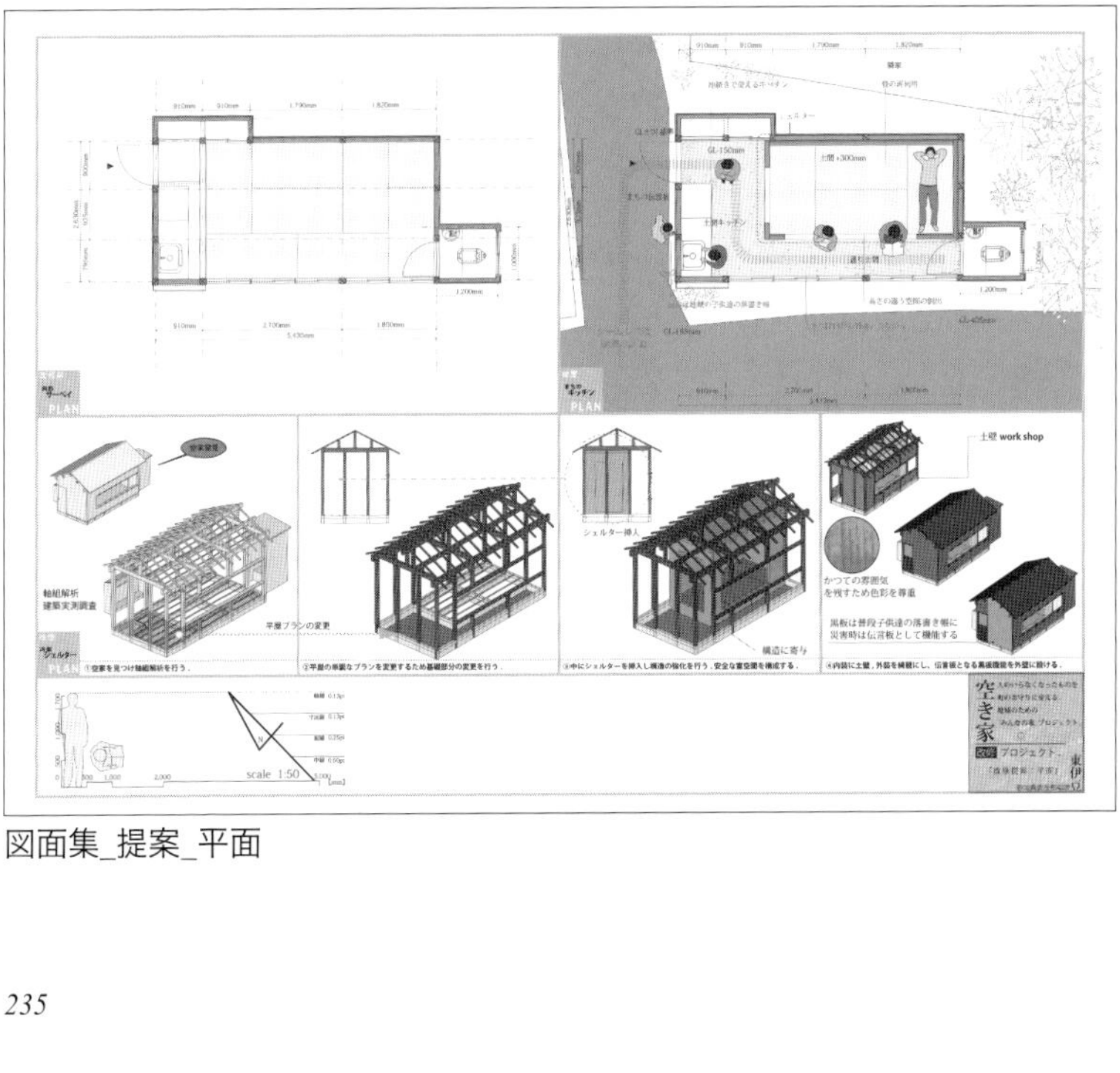

図面集_提案_平面

「空き家改修プロジェクト」のホームページにはこんな言葉がある。

空き家改修プロジェクトＨＰ　http://akiyaarchitect.wixsite.com/

「空き家を改修することが私たちの目的ではありません。

それはあくまでも手段の一つです。

人と人、地域と人、建築と人を循環させることが私たちの目的なのです。

どれだけ人を巻き込めるか、が大切なことです。

私たちの活動は空き家を改修して終わりではなく、
どう使っていくか、そこで何ができるかを考えます。

外の人間である私たちだけでなく、地域の人たちと一緒に考えます。

また、やる気のある建築学生が地域へどんどん入っていく仕組みになっています。

実践の場を求めて、若い力が地域で活躍していきます。

それぞれができること、できないこと。それらを補い合いながら人と人が繋がっていきます。


改修して終わりではなく、どう使うか、そこで何ができるか。

そのキッカケとなる場所を創っていきます。」


この言葉は、彼らのこれまでの経験から生まれた純粋な言葉だ。

さらには、「空き家の、建築学生による、地域活性化のための」として、こう続く。

空き家の

空き家を改修することは、地域の負債をプラスに変えると同時に、活動の成果が目に見えるという特徴があります。建物変わっていく様をみることで住民の意識ややる気にも影響を及ぼします。協働して一つの目標に取り組むことで、外からきた学生と地元の人との強い絆が生まれます。また比較的費用がかからず、かつ中長期的に地域と関わりを持ち続けることができるため、徐々に地域になじみ、人々を巻き込んでいくことができます。

建築学生による

空き家改修プロジェクトは建築学生にとっての学びの場でもあります。それは施工技術に限らず、人口減少や少子高齢化に伴う空き家の増加という社会的な問題に対して思考を巡らすことも大きな糧となります。また、上記の課題は地域内部 のみでは解決困難な課題です。それに対し実践の場を求めている建築学生が地域に入ることで、地域と学生にとってプラスな関係を築いています。

地域活性化のための

空き家改修プロジェクトの最大の特徴は、様々な地域団体/個人と協働している点です。町役場や地域おこし協力隊、社会福祉法人といった、地域・社会・人のことを総合的に考え実践している方々と議論を重ねながら地域活性に取り組むことで、ノウハウや考え方を学ぶと同時に多角的にものごとを捉えることを意識します。地域の方々と協働することができる土壌を整えながら、それを大事にして活動しています。」

当初の主要メンバーは、現在は大学を修了、卒業し、社会人となっている。

荒武さんは地域おこし協力隊として東伊豆町に居を構えた。

他のメンバーも休日には東伊豆に集まってきている。

「空き家改修プロジェクト」は、現在は現役学生にバトンタッチされ、荒武さんたちは新たに「NPO法人ローカルデザインネットワーク」を立ち上げ、町との協働を更に深めてゆこうとしている。

彼らの活動は近隣地域へもいい刺激となっているようだ。

彼らの活動は、今がスタート地点だ。

建築学生による地域活性化団体空き家改修プロジェクト

全国的に増加している空き家問題を背景に、空き家の改修を通じて地域の活性化を目指す学生団体。建築系を専攻する12人（2016年12月現在49名）から構成され、学生が企画・

実行するプロジェクトに大学が資金援助をする芝浦工業大学の取り組み「学生プロジェクト」に２０１４年度から採択されている。静岡県東伊豆町の空き家を地域のコミュニティスペースに改修しており、現在３軒目の改修に取り組んでいる

（芝浦工大ＨＰより）

芝浦工業大学（東京都港区／学長 村上雅人）の学生プロジェクト団体「空き家改修プロジェクト」が10月16日、東京大学伊藤国際学術研究センター伊藤謝恩ホールにて行われた株式会社賢者屋主催「学生団体総選挙」にて、震災復興・地域活性部門の部門グランプリと総合グランプリを受賞しました。

「学生団体総選挙」とは、社会的価値のある活動に取り組む学生団体を表彰するコンテストで、８部門約４００団体がエントリー。部門毎に表彰を行い、協賛企業からの審査と会場にいる参加者の投票で総合グランプリを決定しました。

（芝浦工大ＨＰより）

「学生団体総選挙」では、活動目的がより良く広がっている点が審査員に評価をされました。また、学生団体とは思えない幅広い活動や、実際の改修実績も評価され、今回の部門グランプリ、総合グランプリの受賞となりました。（芝浦工大ＨＰより）

【著者一覧】

監修
髙橋大輔（共立女子大学家政学部建築・デザイン学科　教授・一級建築士）

廣瀬達志（株式会社大田まちづくり公社　まちづくり部長）
根本修平（第一工業大学工学部建築デザイン学科　講師・一級建築士）
市村良平（市村整材　代表・プロジェクトマネジメント）
加藤　潤（頴娃おこそ会会員　タツノオトシゴハウス）
古川泰司（アトリエフルカワ一級建築士事務所　代表・一級建築士）
渡邉義孝（尾道市立大学　非常勤講師・一級建築士）
佐藤　勉（駒沢女子大学人文学部住空間デザイン学科　准教授・一級建築士）

小さなまちづくりのための
空き家活用術

2017年1月15日　初版第1刷発行

監　　修　　髙橋　大輔
発 行 人　　馬場　栄一
発 行 所　　株式会社 建築資料研究社
〒171-0014　東京都豊島区池袋2-38-2
COSMY-Ⅰ　4階
TEL：03-3986-3239　FAX:03-3987-3256
印 刷 所　　図書印刷株式会社

ISBN978-4-86358-455-6　Printed in Japan